地方私鉄
失われた情景

風間克美

佐沼は沿線最大の町でどの列車も乗降客が多かった。仙北鉄道 佐沼　1966.3.1

CONTENTS

4号機が貨物列車を牽いて竜ヶ崎を発車すると畑の中を佐貫へ向かった。昭和38年の東京近郊にまるで映画の場面のような小私鉄の煙がまだ残っていた。鹿島参宮鉄道竜ヶ崎線。1963.8.17

地方私鉄 失われた情景

　本書は地方私鉄の路線紹介でも車輌紹介でもな
く，1960年代の地方私鉄の情景集である。

　私が地方私鉄に感心を持ったのは，兄の本棚に
揃えられた古い『鉄道模型趣味』(TMS)誌からで
あった。1955(昭和30)年頃のTMSによく掲載さ
れていた小私鉄めぐりで，九十九里鉄道，加悦鉄
道，秋保電鉄，羽後交通雄勝線など，見たことも
ない奇妙な車輌紹介記事に影響を受け，それまで
あった国鉄や大私鉄への関心はすっかり消えて地
方私鉄に感心が向いた。

　1960年代は，仙北鉄道や遠州鉄道奥山線のよ
うな賑わいがあった路線でさえ，すぐに廃線とな
ったくらい鉄道からバス路線への切り替えが急
速に進められた時代であった。各地で「今月限り
でお別れです さようなら皆さん」の看板を掲げて
次々と地方私鉄が消えていった。

　そんな消えゆく路線の訪問前に当時の鉄道誌を
読むと，車輌解説と駅や車庫で撮った車輌写真が
主流で，一体どんな沿線を走っていたのか，駅で
はどんな日常があったのか等の背景はほとんどわ

新黒井〜百間町間が部分廃線となる2ヵ月前，夏の百間町は新黒井
行の列車を待つ，いつもの日常があった。　頸城鉄道　1968.8.18

からなかった。鉄道誌はまだ車輌中心で，日常当たり前の風景に関心が向く時代ではなかったのだ。

現地を訪問してみると地方私鉄は魅力ある車輌だけでなく，背後にその土地の風土や人々の生活に密着した風景が存在していたことが大きな魅力であった。堂々とした国鉄横手機関区の脇の借りもののような線路を走っていた羽後交通横荘線，砂利道に埋もれた軌道と不思議な雰囲気が漂う花巻電鉄の西公園駅，海水浴客を乗せて能登の海辺を行く北陸鉄道能登線，古い街並みに溶け込んでいた金沢市内線など，1960年代の地方私鉄には魅力的な情景がまだまだ各地に残されていて，それはまさにジオラマにしてみたくなる情景ばかりだった。

本書はあの時代の情景を、写真と文章と図で構成し「地方私鉄 失われた情景」44路線にまとめたものである。これらの情景からあの時代の空気感を少しでも感じてもらえたら幸いである。

■沼尻鉄道（福島県／川桁～沼尻 15.6km）

会津・磐梯山の東を南北に走る軽便鉄道。安達太良山の西側から産出される硫黄を輸送した。スキー客で賑わったことも。1968（昭和43）年休止ののち廃止。軌間762mm。

■花巻電鉄鉄道線（岩手県／西花巻～花巻温泉 8.4km）

東北本線と温泉街を結ぶ。路面電車のような小型電車が運行され、西花巻から東北本線を越えて軌道線の中央花巻まで乗り入れた。1972（昭和47）年廃止。軌間762mm。

■花巻電鉄軌道線（岩手県／中央花巻～西鉛温泉 17.6km）

湯治場へ向かうトロリーライン。軌道は道路脇に敷かれ、車体の狭さから“馬面電車”と通称された。花巻駅まで鉄道線に乗り入れ。1969（昭和44）年廃止。軌間762mm。

□津軽鉄道（青森県／津軽五所川原～津軽中里 20.7km）

津軽半島を南北に走る。当時は日常の足だった石炭ストーブ搭載の列車は、今では当地の名物となった。現存。

■山形交通高畠線（山形県／糠ノ目～二井宿 10.6km）

奥羽本線と高畠町の中心部を連絡する鉄道。高畠から先の利用客は少なかった。路線短縮ののち1974（昭和49）年廃止。その後、奥羽本線糠ノ目駅が高畠駅に改称された。

■羽後交通横荘線（秋田県／横手～二井山 26.1km）

横手と日本海側の本荘を結ぶ横荘鉄道として、東西双方から部分的に開業したものの、西側は買収により国鉄矢島線の一部に。東側は横手から38.2kmの老方まで一旦開業したが、その後二井山までに短縮されていた。台風被害もあり2度の路線短縮ののち、1971（昭和46）年廃止。

■山形交通三山線（山形県／羽前高松～間沢 11.4km）

古くから信仰の対象であった出羽三山にその名を由来し、参拝客やスキー客でも賑わった。1974（昭和49）年廃止。開業時の木製2軸電車は現在も大切に保存されている。

■福島交通軌道線（福島県／福島駅前～湯野町・長岡分岐点～保原・保原～掛田・保原～梁川・聖光学院前～伊達駅前、合計31.5km）

福島市と伊達地方の街々を結ぶトロリーライン。軌間762mmから1067mmに改軌したため、車体幅の狭い独特の電車が運行された。路線短縮ののち1971（昭和46）年廃止。

■東野鉄道（栃木県／西那須野～黒羽 13.1km）

大田原を経由して那須野が原の扇状地を東西に走る。一時は黒羽から南へ、那須小川まで11.5kmの路線もあったが、1939（昭和14）年に廃止された。1968（昭和43）年廃止。

□銚子電気鉄道（千葉県／銚子～外川 6.4km）

銚子遊覧鉄道の跡地を利用して1923（大正12）年に開業。以来100年以上、幾度かの危機を乗り越え今も走り続ける。

■上武鉄道（埼玉県／丹荘～西武化学前 6.1km）

戦時中に工場の専用鉄道として敷設された路線で、戦後、地方鉄道となった後も旅客輸送は2軸客車で事足りている。国鉄車輌の解体作業を請け負ったことも。1973（昭和48）年に旅客営業を廃止したのち1986（昭和61）年廃止。

■関東鉄道鉾田線（茨城県／石岡～鉾田 27.2km）

もとは鹿島参宮鉄道と称し、霞ヶ浦の舟運と連絡して鹿島神宮への参詣ルートを形成した。昭和40年代からは自衛隊百里基地への燃料輸送も実施。鹿島鉄道として分離した後、新造車輌も投入されたが、2007（平成19）年廃止。

□流山電気鉄道（千葉県／馬橋～流山 5.7km）

常磐線と味醂の街を結ぶ、東京近辺では珍しい大手私鉄傘下ではないミニ私鉄路線。電化後も長く国鉄から電力の供給を受けていた。現在は流鉄流山線として運行中。

□鹿島参宮鉄道竜ヶ崎線（茨城県／佐貫～竜ヶ崎 4.5km）

常磐線と龍ケ崎の市街地を結ぶミニ路線。当時は旅客とともに貨物も多かった。関東鉄道の路線として現存する。

■越後交通栃尾線（新潟県／悠久山～栃尾 26.5km）

長岡市の行楽地・悠久山と、東側の栃尾町を結ぶ。車輌の総括制御化やCTC化など近代化が進められたが、路線短縮ののち1975（昭和50）年に廃止された。軌間762mm。

■頸城鉄道（新潟県／百間町～飯室 5.9km）

上越地方の穀倉地帯を走る軽便鉄道。○でKを囲んだ社章から“マルケー”の通称で親しまれる。かつては新黒井～浦川原間15kmの路線だったが、路線短縮により他線との接続が絶たれた。1971（昭和46）年廃止。軌間762mm。

■伊豆箱根鉄道軌道線
（静岡県／三島広小路～沼津駅前 5.9km）

三島と沼津の間、まだ未舗装の旧東海道上を走ったトロリーライン。最後まで木造車が主力だった。台風の被害により路線の約半分が休止のまま1963（昭和38）年廃止。

□近鉄内部・八王子線（三重県／近畿日本四日市～内部・日永～伊勢八王子、合計8.7km）

三重電気鉄道から継承した通称三重線のうち、軌間762mmのまま残る区間。水害により廃止された西日野～伊勢八王子間以外は四日市あすなろう鉄道となって現存する。

■遠州鉄道奥山線（静岡県／遠州浜松～奥山 25.7km）

三方原台地を南北に走る軽便鉄道。路線の途中までが電化され、付随車のみが電車と気動車を付け替えて直通した。路線短縮ののち1964（昭和39）年廃止。軌間762mm。

■静岡鉄道駿遠線（静岡県／新三俣～袋井 17.4kmほか）

かつては大手～袋井間64.6kmという長大路線だったが、部分廃止により袋井方と藤枝方に分断された。本書掲載の袋井方は1967（昭和42）年廃止され、残る藤枝方も路線短縮ののち、1970（昭和45）年に廃止された。軌間762mm。

□三重電気鉄道志摩線（三重県／鳥羽～真珠港 25.4km）

国鉄参宮線の終点から半島の奥へ分け入る軌間1067mmのローカル線だったが、近鉄合併後に1435mmに改軌。名古屋・大阪などから特急列車が運転されるようになった。

□京福電鉄福井支社三国芦原線
（福井県／福井口～三国港間25.2km）

現在のえちぜん鉄道三国芦原線。三国～三国港は戦時中に休止となった国鉄三国線を利用して開業している。

■京福電鉄福井支社永平寺線（福井県／金津～永平寺 24.6km）

北陸本線の東側、福井平野を南北に走る路線。1969（昭和44）年に金津～東古市間18.4kmが廃止され、残る6.2km

の区間のみが2001(平成13)年の休止まで運転を続けた。

■北陸鉄道能登線（石川県／羽咋～三明 25.5km）
国鉄七尾線のルートから外れた能登半島の西側を，バケット付きのディーゼルカーが走る。夏季や正月には七尾線からの直通列車も運転された。1972(昭和47)年廃止。

■北陸鉄道金沢市内線（石川県／金沢市内，合計12.5km）
狭い道が多い街に合わせて2軸単車が活躍。戦後導入されたボギー車は細面の独特のものである。1967(昭和42)年の廃止後，ボギー車は岐阜や豊橋などで再起した。

□北陸鉄道浅野川線
（石川県／北鉄金沢～粟ヶ崎海岸 8.1km）
現在も金沢近郊の足として活躍する。夏季のみの運転だった内灘～粟ヶ崎海岸間は1974(昭和49)年廃止された。

■北陸鉄道加南線（石川県／大聖寺～山中・河南～新動橋・動橋～片山津，合計18.0km）
北陸本線の駅と点在する温泉街を連絡する旧温泉電軌の路線網。最盛期には各線合計で29.2kmあった。片山津線は1965(昭和40)年，残る区間も1971(昭和46)年に廃止。

■尾小屋鉄道（石川県／尾小屋～新小松 16.8km）
もともとは鉱山鉄道で，小松から東南側の山へ分け入る。日本最後の非電化軽便として人気が高く，1977(昭和52)年廃止後も多くの車輌が保存されている。軌間762mm。

■北陸鉄道小松線（石川県／小松～鵜川遊泉寺 5.9km）
北陸本線小松駅から東へほぼ一直線のミニ路線。北陸鉄道能美線に接続するための延伸工事が行なわれたこともあったが未成に終わった。1986(昭和61)年に廃止された。

■野上電気鉄道（和歌山県／日方～登山口 11.4km）
開業は1916(大正5)年で，接続する紀勢本線よりも8年早い。阪神電鉄などから譲渡された小型電車が活躍することでも人気を集めたが，1994(平成6)年に廃止された。

□御坊臨港鉄道（和歌山県／御坊～日高川 3.4km）
紀勢本線と御坊の市街地を連絡する鉄道。1972(昭和47)年に紀州鉄道と改称された。1989(平成元)年には西御坊～日高川間が廃止され，現在は延長2.7kmとなっている。

□南海電気鉄道貴志川線
（和歌山県／東和歌山～貴志 14.3km）
開業時は山東軽便鉄道という独立した私鉄路線で，改称・合併を経て南海電鉄の路線となったのは1961(昭和36)年のこと。2006(平成18)年に再び南海電鉄の手を離れ，現在は和歌山電鐵貴志川線として運行されている。

■別府鉄道
（兵庫県／別府港～土山・別府港～野口，合計7.8km）
肥料メーカー傘下の鉄道で，工場のある別府港から2方向に路線を持つ。1984(昭和59)年の廃止時までオープンデッキの2軸客車やバケット付きの気動車を使用した。

■淡路交通（兵庫県／洲本～福良 23.4km）
淡路島唯一の鉄道で，島の東西を結ぶ。電化は戦後の1948(昭和23)年で，譲渡車のほか電化前のガソリンカーを電車に改造した車輌も活躍した。1966(昭和41)年廃止。

■加悦鉄道（京都府／丹後山田～加悦 5.7km）
京都の日本海側，天橋立近くの野田川町と加悦町とを結ぶ。この地域特産の丹後ちりめんの輸送を目的に開業したが，戦時中は大江山から産出されるニッケル鉱石を運んだ。古典的な車輌や珍しい車輌が多く在籍したため，これを目的に訪れたファンも多い。1985(昭和60)年廃止。

□京福電気鉄道鞍馬線（京都府／宝ヶ池～鞍馬 8.8km）
日本で最後のトロリーポールを使用した路線。現在も叡山電鉄鞍馬線として多くの観光客で賑わう。軌間1435mm。

■山陽電気軌道幡生線（山口県／東下関～幡生 2.2km）
下関市内に17kmあまりの路線があった山陽電気軌道だが，幡生線は長州鉄道の大部分が1925(大正14)年に買収されて山陰本線の一部となった際に残された区間で，山陽電気軌道唯一の鉄道線であった。1971(昭和46)年に廃止。

■西大寺鉄道（岡山県／西大寺市～後楽園 11.4km）
岡山市内と西大寺市とを結ぶ。軌間914mm(3フィート)は日本ではこの路線が最後だった。毎年2月の西大寺会陽(はだか祭)では多くの利用客が押し寄せ，大変な賑いを見せた。国鉄赤穂線に役目を譲り1962(昭和37)年廃止。

■尾道鉄道（広島県／尾道～石畦 9.1km）
独特の姿をした電車が活躍した，坂の町・尾道の電鉄。かつては北側の御調町・市まで17.1kmの路線であったが，1957(昭和32)年に路線短縮された。1964(昭和39)年廃止。

■井笠鉄道（岡山県／笠岡～井原・北川～矢掛・井原～神辺，合計37.0km）
瀬戸内海側の笠岡と内陸の井原を結ぶ軽便鉄道。二つの支線があったが1967(昭和42)年に廃止され，本線も1971(昭和46)年廃止。その後，蒸気機関車と客車の一部が西武鉄道山口線で復活しファンを喜ばせた。軌間762mm。現在，矢掛，井原，神辺は井原鉄道で結ばれている。

■呉市電（広島県／川原石～長浜 11.3km）
古くから軍の拠点が置かれた呉の市内電車。開業時は民営であったが，戦時中に軍の要請で公営に。1967(昭和42)年の廃止後，電車の一部は岡山や松山などに転じた。

□土佐電気鉄道（高知県／軌道線：はりまや橋～後免町・はりまや橋～伊野・高知駅前～桟橋通五丁目，合計25.3km，鉄道線：後免～安芸 26.8km）
軌道線はとさでん交通となって現在も健在だが，太平洋沿いに元阪神電鉄の小型電車が活躍した鉄道線(安芸線)は1974(昭和49)年に廃止。そのルートには土佐くろしお鉄道ごめんなはり線が2002(平成14)年に開業している。

□長崎電気軌道大浦支線（長崎県／築町～石橋 1.1km）
市内に11km余の路線を持つ長崎電気軌道の南端の路線。沿線にはグラバー園や大浦天主堂，オランダ坂などの観光名所があり，現在も観光客で混み合う。軌間1435mm。

■鹿児島市電上町線（鹿児島県／市役所前～清水町 2.3km）
市役所前から分岐し，国鉄鹿児島駅の北側を走る鹿児島市電の路線。上町は「かんまち」と読む。市電は今も健在だが，上町線は1985(昭和60)年に廃止した。軌間1435mm。

Lost atmosphere of local private railways.

by Katsumi Kazama

In the 1960s, there were many small-scale private railways across Japan. All of them were single track, and many were non-electrified. Many were narrow gauge lines, narrower than Japan's standard 3 foot 6 inch/1067mm gauge, and much old pre-war rolling stock was in use.

And there was an atmosphere that is almost forgotten in modern times. Differing from the current uniformity and including the townscapes and people's lives that are unique to each region, and the local railways that blended into these places were full of charm that continues to attract the author. This book is an attempt to revive the scenes of that era through photographs, text, and illustrations, and is by no means an explanation of the railway itself, nor is it intended to convey the details of the rolling stock.

Currently, Japan's rural areas are in marked decline due to a declining birthrate and a drift towards the cities.

I hope that you can get a sense of the atmosphere of the 1960s, which was not a prosperous time, but was full of hope and bustle.

English language edit : John Raby

Railways featured in this book.

廃線直前の矢掛支線の終点矢掛。ボギー車ホジの荷台に荷を載せて発車を待つひととき。
井笠鉄道 矢掛 1967.3.8

磐梯山麓のドロ軌道

日本硫黄沼尻鉄道

行く手に雄大な磐梯山が迫るあたりで道路と合流し路側軌道（ドロ軌道）に入る。　内野－会津下館

撮影日：1964.1.2〜3

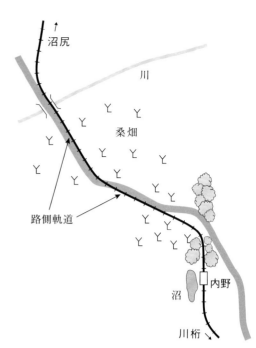

沼尻

川

桑畑

路側軌道

沼

内野

川桁

刻々と表情を変えゆく磐梯山を見て右へカーブするところで道路はS字を描く。

磐梯山が山頂を現した一瞬，列車は道路と合流した路側軌道を走っていった。　内野－会津下館

未舗装道路と一体になった軌道は道路端をしばらく走行し，小さな鉄橋を渡ると右へカーブして道路から離れていった。

磐越西線の川桁から出ていた沼尻鉄道。川桁から二つ目内野の先で列車が北西に進路を変えると，正面に雪を被った雄大な磐梯山が飛び込んで来た。磐梯山と対面するちょうどそこで軌道は道路と合流し路側軌道（ドロ軌道）に入る。レールと枕木の表面を残し土に埋もれたドロ軌道は道路と一体になって小さな鉄橋の先まで続いていた。磐梯山を望むここは土に埋もれたドロ軌道の魅力が最高潮に達する区間であった。廃線後の今でも，軌道を転用した道路の線形に痕跡を残している。

枝をきれいに束ねた桑畑を抜けると道路と合流して路側軌道に入る。

13

内野停留場のすぐ裏には溜池があり，その先に集落があった。

うつの

　小さな内野停留場の裏には農業用の溜池があり，近くには小学校や集落があった。内野の先は一面の桑畑で，道路と合流するまでこの区間は列車が隠れてしまうくらい桑が密集していた。

　枝をきれいに束ねた桑畑が如何にも会津の冬の風景であった。

沼尻からやって来た列車がドロ軌道を暫く走り右へカーブして内野に到着すると，雲の間に磐梯山が輝き始めた。1月3日から硫黄の貨車輸送が始まり，客貨混合列車は内野を出ると左へカーブして畑の中を走っていった。快晴で雪がとけたこの日は泥だらけの正月であった。

駅名表示板に「うつの」と書かれた内野停留場の小さな待合室。屋根付き，椅子付きの待合室は地域の談話室だったとか。

内野を発車し田畑の中を川桁へ向かう列車。

小さな駅におよそ似合わない新型電車デハ57。

街中の中央花巻駅

花巻電鉄鉄道線

　東北本線花巻駅で花巻電鉄の電車のりばを横目に見て，花巻市内に出て中央花巻駅を探して歩くと，やっとのことで住宅地の中に小さな駅を見つけた。中央とは名ばかりで寂れた駅にホームが１本あるだけ。この中央花巻駅は西鉛温泉に向かう軌道線の一部であったが，この頃は一日５本，花巻駅を経由して花巻温泉へ向かう鉄道線の電車だけが発車していた。国鉄花巻駅から花巻温泉へ向かう客は花巻駅で乗り換えるので，中央花巻駅を使うのは街中の客くらいか。この駅はこの翌年には消えてしまった。

　昔，花巻電鉄は岩手軽便鉄道（後の国鉄釜石線）と同じ（軽鉄）花巻駅から出ていたが，釜石線の花巻駅移転により，（軽鉄）花巻駅から0.4kmほど手前のここが起点となった。

国鉄花巻駅に隣接する花巻電鉄花巻駅。軌道線と鉄道線の電車が同居していた。
軌道線の電車は西花巻まで鉄道線を走り，スイッチバックして西鉛温泉に向かった。

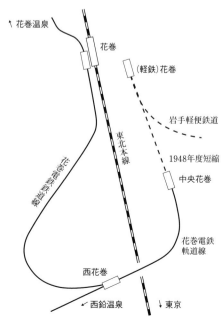

↑花巻温泉

花巻

（軽鉄）花巻

岩手軽便鉄道

1948年度短縮

中央花巻

花巻電鉄
軌道線

東北本線

西花巻

←西鉛温泉　　↓東京

街中にひっそりと佇む中央花巻駅。台所や洗濯物が見え生活感が溢れる駅舎。
岩手軽便鉄道と花巻電鉄が出ていた頃の始発駅（軽鉄）花巻駅はこの先であった。

撮影日：1964.8.2

ほとんど乗客がいない電車が花巻市街を行く。

家並みの間をカーブし東北本線を越えて西花巻へ向かう。

真夏の温泉通い電車

　街中の中央花巻駅を出た電車は国鉄連絡駅花巻から鉄道線へ入る。真夏の炎天下を鉄道線に乗って花巻温泉へ向かうと，レールと道床がしっかりしていて，綺麗な電車はポールではなくＺ型パンタグラフで古さを感じさせない立派な路線であった。豊沢川沿いに志戸平温泉，鉛温泉などへ向かうひなびたトロリーラインである軌道線とは趣が異なって，鉄道線は平凡な東北の田園地帯を走っていた。

撮影日：1964.8.3

交換可能な瀬川駅。

木立に囲まれた花巻グランド前。

真夏の炎天下、東北の田園地帯を行くデハ57。

18

真夏の雲の下，温泉通いの電車が瀬川を渡る。

この日は新型デハ57がしきりに往復していた。

駅前に出ると花巻温泉街が待ち受け，さらに奥へ入ると台温泉がある。

花巻温泉駅

　花巻からよく手入れされた専用軌道を走ること20分。到着した花巻温泉は軽便鉄道とは思えぬ立派な終着駅だった。三角屋根の駅舎，キップ売場の客，ベンチに休む客，家族連れなど，温泉通いの電車が賑わっていた時代が感じられた。駅の先に続く花巻温泉街の旅館にも豊沢川沿いのひなびた温泉郷とは違った雰囲気があった。

心地よい爽やかな夏の朝，東北のリゾート地にふさわしい花巻温泉駅。

街中にあった中央花巻駅とは対照的で，広々とした構内に客車や貨車が休む。

西鉛温泉方面へ続く古い造りの街並み。 1966.3.4

西公園停車場

花巻電鉄軌道線

　砂利や土に埋もれた線路，駅の待合室，通りの家並みなど，1964（昭和39）年の西公園停車場の風景に宮澤賢治の時代（1920年代）のイメージが重なる。

　駅の先を左にカーブし西花巻へ向ったところに線路を横切る細い道があり，賢治はこの道を歩いて家から勤め先の花巻農学校まで通っていた（1921～1926年）。道の途中にあって西公園と呼ばれた一帯は駅裏手の丘の上にあり，賢治の馴染みの場所だったようだ。賢治は家族が西鉛温泉に療養に来るときなど電車を利用したそうである。

通りの商店の看板や家並み。賢治はこんな駅前の風景を見ていたのだろう。

砂利や土に埋もれた軌道，赤ん坊を背負って乳母車を持った母親，ベンチで寝ているゲタ履きの学生，
ガラス越し見える広い駅待合室。かつては駅の裏の丘に駅名となった西公園があった。

撮影日：1964.8.2（特記以外）

西花巻

花巻市街 →

← 花巻農学校跡

元・西公園

西公園停車場

西鉛温泉 ←

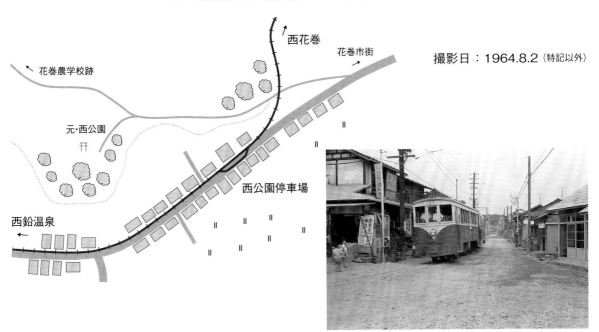

中山街道の凸凹道をデハ3が行く。道沿いの商店
では子供たちが元気に遊んでいる。西公園―石神

西公園を発車すると併用軌道から専用軌道に入り，家並の中を抜けて西花巻へ向かう。 西公園

夕闇せまる五所川原の街を背に岩木川を渡る五能線深浦行の蒸機客車列車。

早春の津軽五所川原駅

津軽鉄道

　岩木山を望む３月初めの津軽五所川原駅。残雪が点々とし，周辺の田んぼには薄っすらと氷が張っていた。国鉄04形に似た気動車２連が駅に到着すると，ホーム反対側には混合列車が停まっていて，屋根も何もないホームを五能線からの乗換え客がゾロゾロと列車に向かっていた。構内に目を向けると車種も輌数も多く，駅に活気が感じられた。

　この頃は新型気動車２輌や，西武の電車を改装した客車３輌が入線していて，奥の側線で休むストーブ付客車オハ31までも薄茶と朱の派手なツートンカラーに塗られていた。引退近いのか，バケット付気動車だけは旧カラーのままで昔の津軽鉄道らしさを残していた。

撮影日：1966.3.3

津軽五所川原駅を発車した混合列車は岩木山を背に右へカーブする。この時代の地方私鉄にいかに貨物輸送量があったかを示すひとコマ。

国鉄04形に似た気動車キハ2403＋2402が到着。ホームの反対側の混合列車にはバケット付気動車と元西武の客車が連結されていた。

イベント列車はまだ運行されていなかった時代のストーブ付客車オハ311〜313。オハ311は復元されて大宮の鉄道博物館に保存されている。

この前年に3輌入線したナハフ1200形（元西武151形）。

地味な旧カラー（橙と緑のツートン）がよく似合っていたキハ2400形（元三岐鉄道）。3輌いて，この日は1輌が混合列車に連結されていた。

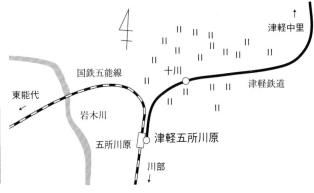

津軽中里

国鉄五能線

東能代

十川

津軽鉄道

岩木川

五所川原

津軽五所川原

川部

津軽半島の山並みを背後にDD350形が牽く混合列車が五所川原へ向かう。　一野坪 ― 十川

糠ノ目駅に電車が到着すると，乗客は隣にある奥羽本線のホームへ向かう。

「山形交通 高畠線のりば」の看板を掲げた糠ノ目駅にポツンと停車していた小型電車モハ1。
乗客がいなくなったホームの向こうにどこまでも真っ白い田園が続く。

残雪の高畠線

山形交通高畠線

　3月初めの山形はまだ残雪で冬のようであった。C57の旅客列車が走る奥羽本線糠ノ目駅の脇にあった殺風景な「のりば」で，マルーンと桃色の山交カラーに塗られた高畠線の電車が乗客を待っていた。沿線の中心部は高畠にあり乗客の多くは高畠で下車してしまい，残る数人を乗せた電車は人家もほとんどない山間を二井宿まで走っていた。高畠の街を除けば沿線には人家がほとんどなく，糠ノ目と高畠を結ぶのを主とした路線で，高畠～二井宿間はこの年に休止となってしまった。

撮影日：1966.3.6

高畠で糠ノ目に引き返すモハ4。西武所沢工場から入線直後でピカピカのツートンカラーが美しかった。

終点二井宿は二井宿峠の手前にあった。ひと気のない駅で乗客数人を乗せると引き返してきた。

高畠に到着すると客のほとんどが下車してしまい，がら空きの小型電車モハ1は二井宿へ向かった。

横手機関区の先に横荘線の車庫があり奥羽本線と横荘線が並走する。

横手機関区の片隅で

羽後交通横荘線

　奥羽本線横手機関区の片隅をひっそり走っていた羽後交通横荘線。

　横手駅を発車した横荘線は国鉄線路の間を縫って横手機関区の脇を抜けると，その先を奥羽本線と並走し南下していた。横手機関区の片隅に横荘線の小さな車庫が二棟ある一角があり，堂々とした横手機関区とは対称的な古ぼけた車庫はまるで横手機関区の片隅を間借りしているようであった。この横荘線の車庫には木造ボギーや元都電など魅力溢れる客車が休んでいて，これらはまだ現役で活躍していた。

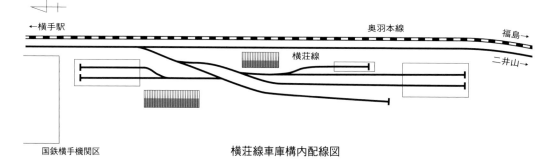

横荘線車庫構内配線図

奥羽本線横手駅。

都電改造の客車や気動車が休む横荘線の車庫。

横手駅を発車した横荘線の気動車は，古い木造客車を牽いて国鉄横手機関区の脇をかすめるように走り，二井山へ向かった。

撮影日：1966.3.4

横荘線の車庫を背に奥羽本線と並走する横荘線の混合列車。遠くに横手機関区の煙が見える。

北上から国鉄横黒線で県境の峠を越え，午後3時過ぎに到着した横手の空は曇天だった。35頁の国鉄横手機関区を反対側から見たのがこの風景で，煙だらけの堂々とした機関庫の右手脇には横荘線の線路が見える。前方の横手駅は蒸機の煙で霞んでいた。

夏まで雪が残る月山の麓を行くモハ111＋モハ106。

月山と三山電車

山形交通三山線

　山形から国鉄左沢線に乗って30分ほどの羽前高松から出ていた山形交通三山線。こんな国鉄ローカル線の駅からさらに奥地へと進む三山線とは一体どんなところを走っているのか，興味津々であった。

　三山線は羽前高松から月山の入口，間沢まで11.4㎞を，鶴岡に抜ける街道に沿って走っていた。春ともなれば真っ白で雄大な月山と満開の桃畑が車窓に飛び込んでくる美しい沿線であったが，月山や湯殿山への登山客や春・夏のスキー客を乗せた電車が終点間沢でバスにバトンタッチしていた時代も終わろうとしていた。訪問した1971年はすっかりマイカー利用の時代になっていて，5月連休の間沢は，春スキー客の賑わいもなく，ひっそりとしていた。

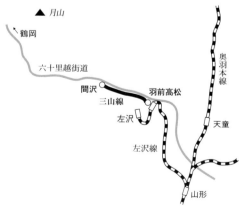

歓迎「月山夏スキー」の看板が見える間沢駅。かつての間沢は春・夏スキー客で賑わったことだろう。モハ111。

白銀の山並みを望む沿線には桃の花が満開。モハ107。

撮影日：1971.5.5（特記以外）

左沢線の羽前高松で下りると看板「三山電車のりば」を掲げたホームでモハ112が待っていた。　　　1966.3.6

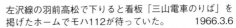

味わいのある三山線の羽前高松駅。　　1966.3.6

寺社造りの立派な国鉄伊達駅の前に配置された軌道線の小さな駅。貨車を付替える機回し線と貨物線があった。

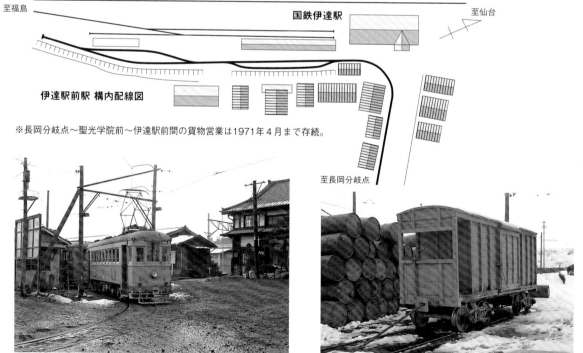

至福島　　　　　　　　　　　　　　国鉄伊達駅　　　　　　　　至仙台

伊達駅前駅　構内配線図

※長岡分岐点〜聖光学院前〜伊達駅前間の貨物営業は1971年4月まで存続。

至長岡分岐点

国鉄伊達駅前で急カーブを90度曲がる軌道線。

貨物線にいたボギー貨車。その先に積替えホームが見える。

「伊達駅前」の看板を掲げた小さな駅舎。

撮影日：1966.12.31

伊達駅前の軌道線

福島交通軌道線

　国鉄伊達駅の正面には「飯坂温泉ようこそ」の看板があり，駅前から湯野町まで直通の電車が1時間に1本運転されていた。湯野町や長岡分岐点からやってきた電車が国鉄伊達駅の駅前で急カーブを曲がったところに軌道線の「伊達駅前」駅があった。駅には機回し線があり，その先に国鉄との積替えのための貨物線が延びていて，電車に牽かれて来たボギー貨車が数輌停まっていた。

　訪れた時には，桑畑の中を湯野町まで温泉客を運んだかっての賑わいはすでになく，翌年9月に長岡分岐点～湯野町間廃止と同時に聖光学院前～伊達駅前間も廃止されてしまった。

国鉄伊達駅前の大通りに車は見えず，人影だけが見える。大通りは綺麗だが，雪が残った路側軌道は凍結していた。

デルタ線の真ん中にある待合室と急カーブ上で客待ちしている電車が愉快だ。ホームはないがここが駅だった。

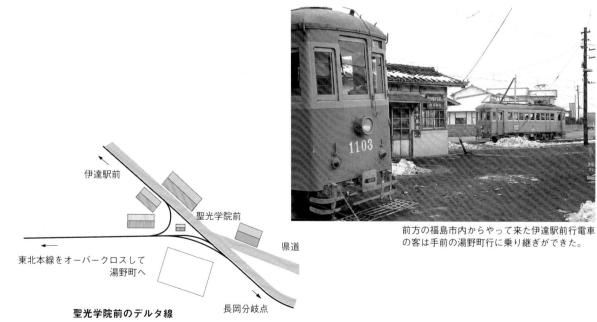

前方の福島市内からやって来た伊達駅前行電車
の客は手前の湯野町行に乗り継ぎができた。

伊達駅前

SANGYO
KUSHIMA FAC

1103

1103

1103

聖光学院前

県道

東北本線をオーバークロスして
湯野町へ

長岡分岐点

聖光学院前のデルタ線

飯坂東線路線図

東北本線
聖光学院前
湯野町
明神町
東湯野
伊達
軌道線
増田
飯坂温泉
伊達駅前
長岡分岐点
長岡田町
河原町
摺上川
飯坂線
瀬上荒町

聖光学院前のデルタ線

　福島と飯坂温泉を結ぶ立派な飯坂線（鉄道線）に対し，伊達から湯野町へ向かう軌道線はもう一つの温泉行ルートであった。かつて軌道線沿線の旧伊達町は養蚕が盛んで，養蚕で得たお金で飯坂温泉に繰り出した時代があったそうだ。

　伊達駅前を出た電車は聖光学院前のデルタ線でグルッと向きを変える。カーブ上に停車した電車が乗り継ぎ客を乗せて，西向きに戻るように進むと，東北本線をオーバークロスする高架から国鉄伊達駅が一望できた。

明神町まで沿線に人家はなく果樹園と田畑のみ。一直線の道路脇をコトン・コトンかなりのスピードで走る。
明神町で道路と分かれて専用軌道に入ると電車はすぐに蔵の向こうに隠れて見えなくなった。

43

湯野町に到着した電車は運転手と車掌が入れ替わる。乗客を乗せるとすぐに発車し、雪景色の家並みの中に消えて行った。

ひっそりとした湯野町駅から表通りに出ると、そこは飯坂温泉の豪華なホテルが並んでいた。

明神町で道路と離れて小さな鉄橋を渡り，蔵の横をカーブすると温泉町の家並みに入った。

湯野町

　飯坂温泉の豪華なホテル街の片隅にあった湯野町駅。部分廃線が近いせいか駅に人は少なかった。飯坂温泉に向かう客のほとんどは福島から飯坂線（鉄道線）を利用するのだろう。摺上川を挟んだ川向こうに賑わう鉄道線の飯坂温泉駅があって，湯野町駅は飯坂温泉の裏口の感じであった。

津軽鉄道からやって来た機関車DC202の検査が上がり，エンジン音を響かせて給水塔の前に出てきた。
蒸機時代の給水塔や給炭場が並ぶ機関区に那須おろしの風が通り抜ける。

運休区間の中田原駅。「1月5日の初列
車から運行します」の貼り紙があった。

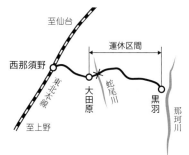

那須おろしの冷たい風

東野鉄道　　　　　　　撮影日：1966.12.30

ひっそりとした黒羽駅に休む元2軸ガソリンカーの客
車。機関庫から2輛のDC機関車が顔を出していた。

　1966（昭和41）年の12月，東北本線西那須野から出ていた東野鉄道を訪問すると，台風で破壊された蛇尾川鉄橋の復旧工事中で，大田原から終点黒羽まで運転休止中であった。代行バスに乗って黒羽駅に到着すると駅はひと気がなく静まり返っていた。

　那須の山並みから吹いてくる12月の冷たい風，青空の白い雲，日が傾き始めた午後の日差しがさす構内には元2軸ガソリンカーの客車，津軽鉄道からやってきた奇妙なディーゼル機関車，元国鉄気動車などが点在し，けだるい眠くなるような雰囲気であった。正月明けには復旧して元の黒羽駅に戻ったようだ。

黒羽駅構内配線図

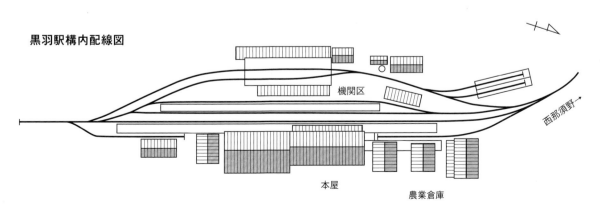

機関区

西那須野

本屋　　　農業倉庫

台風による破壊から３か月後。懸命に復旧工事中の蛇尾川橋梁。

西那須野～大田原間は代行バスの方が賑わっていてひっそりとした大田原駅。駅待合室の入口に貼り出された運休区間の開通予定日。

遠くに那須の山並みを望む大田原駅に休む区間運転のキハ501。

西那須野〜大田原間を1日6往復するキハ501（元五日市鉄道）。

　黒羽から代行バスで大田原へ戻る途中，車窓に見えた那須連山を望む運休区間が素晴らしい風景であった。この日検査を終えた元津軽鉄道DC機関車が試運転でここを走ると聞き暫く待機していたが，DC機関車はやって来なかった。

　台風で破壊された蛇尾川の橋梁は大田原駅のすぐ近くにあり懸命な復旧工事が進行中。大田原で客数人を乗せた区間運転のキハ501を撮りながら西那須野に戻ると日がすっかり落ちていた。44年後の2010年12月に黒羽近くの廃線跡を訪ねると，那須連山から吹く冷たい風と風景だけはあの時のままであった。

ガンガン照りの下，外川駅で乗客を下ろした木造車デハ201。

ある夏の外川駅

銚子電気鉄道

　1963（昭和38）年夏に銚子電鉄で活躍していた車輌は元鶴見臨港の半鋼車デハ301，元京成の木造車デハ201，そして凸電デキ3や2軸客車ハフ1・2などで，まだポール集電の時代であった。海辺の小鉄道は潮風のせいか電車のツートンカラーがすっかり色褪せて，強烈な夏の陽差しの中をのんびりと海辺まで行き来していた。

　当時，廃線の噂が流れていたが，海水浴シーズンを迎え，どの列車も2軸客車を連結して満員で，外川駅に到着すると駅の名所案内にあった海水浴場へ向かうのか子供たちの歓声が賑やかであった。まだマイカー利用の時代ではなく，電車に乗って海辺へ遊びに行く，ある夏のことであった。

どの電車も超満員で，外川駅に到着すると賑やかな子供たちの声が聞こえた。
駅の近くに味わい深い建物とオート三輪，その周りの広場で遊ぶ子供たち。手前に砂利の積込場があった。

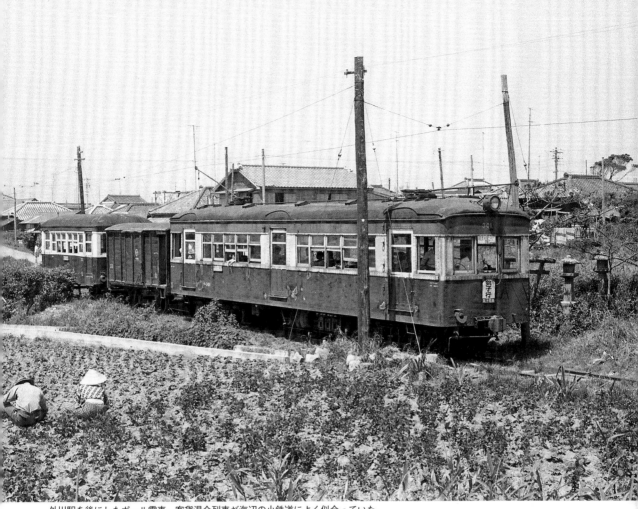

外川駅を後にしたポール電車。客貨混合列車が海辺の小鉄道によく似合っていた。
半鋼車デハ301の外板塗装はタッチアップだらけだった。

駅を出ると外川の町並みで，坂を下ると外川漁港がある。

撮影日：1963.6.30

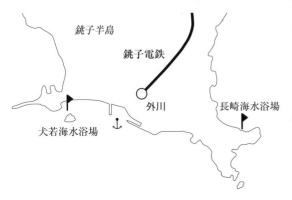

駅の名所案内に表示された長崎海水浴場と犬若海水浴場。
1960年代まで外川の先に犬若海水浴場があった。

海辺の小さな鉄道の印象は夏の日差しの中を走るポール電車のうす汚さであった。
潮風のせいか電車のツートンカラーはすっかり色褪せていた。木造電車デハ201。　仲ノ町

貨物列車を牽いて丹荘へ向かったD1001は，夕闇せまる頃，ハフ3（元篠山鉄道ガソリンカー）1輌だけ牽いて戻ってきた。桑畑一帯に立ちこめるモヤは並走する県道上里鬼石線から舞い上がった道路のホコリだろう。

埼玉北部の桑畑を行く

上武鉄道

　埼玉県北部にあった上武鉄道(旧日本ニッケル鉄道)は八高線の丹荘から西武化学前まで6.1km(23分)，客車1輌を連結した貨物列車が1日5往復走っていた。地方私鉄といっても実質は西武化学の工場と国鉄線を結ぶ専用鉄道であった。鬼石街道と神流川に沿って走る沿線には何もなく一面に広がる桑畑だけであった。

　当時，ディーゼル機関車はD1001(元鹿島参宮鉄道)だけで，他は古典蒸機ばかりであった。終点の西武化学前に降りるとそこは工場の構内で，米国製の古典蒸機が盛んに煙を吐いていた。

西武化学工場内にある木造機関庫に並ぶピッツバーグ製7号機とナスミス・ウィルソン製4号機。

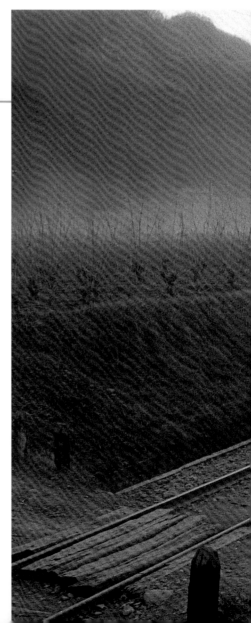

至高崎

八高線

丹荘

神流川

神川中学校前

青柳

至八王子

県道上里鬼石線

寄島

西武化学前

■上武鉄道概念図

一面に広がる桑畑の中にポツンとあった寄島駅。

撮影日：1962.12.23

前方に見える機関庫の前で煙を上げていたのは7号機で，手前に休車中の英国ナスミス・ウィルソン製5号機と6号機が並んでいる。

工場の奥にいた英国ダブス製3号機はボイラー代わりに使われていた。

駅に降り立つとそこは工場の中で，構内で古典蒸機が煙を上げていた。

入換作業に活躍する７号機。

古典蒸機の宝庫　西武化学前

　西武化学の工場構内は古典蒸機だらけで，ピッツバーグの７号機が構内で盛んに入換作業をやっていて，それが終わると貨物列車の最後尾にハフ３（元篠山鉄道ガソリンカー）を連結して丹荘に向かった。

　東京から東武東上線と八高線を利用して日帰りできる埼玉北部で，米国・英国製の古典蒸機の活躍が見られた1962（昭和37）年。そんな幸せな時代もその後すぐに消えてしまった。

７号機　米国ピッツバーグ製

４号機　英国ナスミス・ウィルソン製

３号機　英国ダブス製（元西武／入線時に日車製の３号機がいたことから８号機に改番）

　当時，ディーゼル機関車はD1001（元鹿島参宮鉄道）だけで，他は古典蒸機ばかりであった。

神流川沿いを行くピッツバーグ

　工場から汽笛が聞こえると７号機が林の中から現れた。
右手に神流川（かんながわ）が流れ，川の土手沿いの竹藪と
木立の中に列車は消えていった。

窓を開けて湖畔の風を受けて走る旧東横のキハ42201。

霞ヶ浦湖畔の風景によく似合ったキハ201。

石岡駅と石岡機関区。

霞ヶ浦湖畔 桃浦

関東鉄道鉾田線

　常磐線石岡から霞ヶ浦の奥にある鉾田まで走っていた関東鉄道鉾田線（後の鹿島鉄道）。1966（昭和41）年夏の終わりに霞ヶ浦湖畔の「桃浦」を訪ねてみた。

　常陸小川から桃浦へ向かう気動車は暫く田畑の中を一直線に進み，霞ヶ浦の手前で左にカーブすると湖畔の水際を走る。当時は旧東横のキハ42201と42202，びわこ型流線形のキハ201など特徴ある気動車が次々とやってきた。

　夏の太陽が傾き始めたころ，霞ヶ浦沖合に帆曳船が何隻も現れるのを見ながら桃浦駅に戻ると，クモの巣だらけの電燈の下でテニス帰りの女学生たちの声が賑やかであった。

撮影日：1966.8.28

霞ヶ浦沖合に帆曳船の白い帆が点々と連なって現れた。

夕暮れの湖畔を行く旧東横キハ。

駅の奥にあった電車庫と工場と給水塔。構内が台地の下にあるのは今も変わらない。

のどかな時代の流山駅

流山電気鉄道

　1960年代初めの流山電気鉄道（現流鉄流山線）は，レンガ色に塗られた旧南武鉄道の電車が単行で貨車を牽いて畑の中を走っていた。終点の流山駅は自然豊かな台地の崖下にあり，駅本屋の背後に林の緑が迫っていた。

　駅の奥には電車庫，工場，給水塔などがあり，その反対側に貨物ホームと上屋があって，そこから貨物引込線が延びていて味醂工場の輸送が行なわれていた。流山駅の魅力は台地の緑とこの貨物引込線がある貨物駅にあった。

　現在は背後の台地にあった緑豊かな林はすっかりなくなり，貨物駅も引込線も遠い昔に消え，かすかに昔の面影を残すのは駅本屋くらいになってしまった。

駅の背後にある台地に林立する緑が駅を見下ろしていた。

流山駅の緑豊かな台地を背にモハ101（旧南武鉄道）がのどかに走る。

流山駅 構内配線図　1962年3月

電車庫

駅本屋

貨物駅

貨物引込線（万上線）

味醂工場
野田醤油
（現流山キッコーマン）

撮影日：1963.3.31（特記以外）

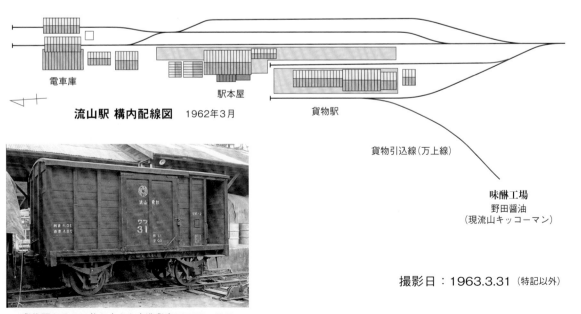

貨物駅とそこに休む小さな木造貨車ワフ31。ここ
で分岐した線路が工場へ延びていた。　1962.3.31

常磐線佐貫駅の跨線橋から竜ヶ崎線のりばを見るとホームの向こうはどこまでも田畑が続き何もない殺風景な風景。
留め置かれていたキハ40402は元国鉄から譲受した旧阿南鉄道キハ201で「みずほ」の愛称をつけていた。

撮影日：1962.3.29（特記以外）

常磐線佐貫駅の上りホーム。左手の佐貫駅
西側にも一面の田畑が見える。1963.8.17

元国鉄キハ04形が待つ竜ヶ崎線佐貫駅の改札口。　1963.8.17

龍崎鉄道生き残りの４号機。竜ヶ崎機関区

竜ヶ崎線 佐貫駅

鹿島参宮鉄道竜ヶ崎線

　2020年３月14日にJR常磐線佐貫駅が龍ケ崎市駅に改称された。この佐貫駅から発着している関東鉄道竜ヶ崎線，訪問した1962(昭和37)年頃は鹿島参宮鉄道竜ヶ崎線の時代で，佐貫駅ではまだこんな小私鉄の情景を見ることができた。

　常磐線佐貫駅に下車すると，一面に田畑が続く風景を背にした竜ヶ崎線のりばで魅力的な小型の気動車が客を待っていた。佐貫駅から竜ヶ崎駅まで僅か4.5kmを往復していた当時の車輌は模型によくある非電化小私鉄のようで，小型気動車が二軸客車を牽いていたり小型蒸機が貨物列車を牽いて佐貫にやって来たりと，古き佳き鹿島参宮鉄道の雰囲気を残していた。その後すぐに気動車は元国鉄キハ04形が主力となり，1965(昭和40)年には常総筑波鉄道と合併し関東鉄道となって変貌していった。

竜ヶ崎線唯一の中間駅で
ある入地。駅の裏に干さ
れた洗濯物，一面の田園
など長閑な風景であった。
　　　　　　1963.8.17

67

竜ヶ崎駅

　立派な竜ヶ崎駅本屋と長いホーム，駅前のボンネットバス，貨物ホームで荷の積み下ろし，給水塔など。鹿島参宮鉄道らしさを残す最後の時代であった。

　この日は残り少ない春休み。ホームから子供達の賑やかな声が聞こえた。彼女達の服装からきっと何処かへ出かける列車を待ってウキウキしているひと時だったのだろう。

給炭設備。

小さな竜ヶ崎機関区

シャベルですくった石炭をコールバンカーへ投げ入れる見事な技。　1963.8.17

　駅の脇に機関区があって，詰所，コンクリート製の給水塔と井戸，給炭設備など，小ぢんまりと纏まっていて模型のような一角であった。

　竜ヶ崎駅を訪問すると構内ではいつも4号機が動いていた。佐貫駅まで蒸機が貨物列車を牽いていた時代であった。

模型のような竜ヶ崎機関区。

4号機（大正14年川崎造船所製）。1963.8.17

凍り付いた田んぼの向こうに貨物列車が走り背後の山並みに雪が残る。外観が模型のような電機ED51が活躍していた。

加津保駅に留置されていたナローにしては腰高で立派な客車。ガラスは割れかなり傷んでいた。車体に小坂鉄道(同和鉱業)の社紋が見える。

田んぼから吹き付ける風が冷たい加津保駅。

厳寒の加津保

越後交通栃尾線

　昭和39年の３月下旬，冬枯れの越後平野は朝から曇り空で大変な寒さであった。栃尾線と言えば思い出すのが曇天とあの寒さである。加津保の寒さは格別で，駅周辺は一面の田んぼで何にもなく，あまりの寒さに早々に引き上げたかった。だが，次から次とやってくる珍品列車や引き込み線に留置された奇妙な客車を撮りたい一心で寒さに耐えられた。

撮影日：1964.3.22

栃尾線の他の古典客車とはイメージが異なり違和感があったアメリカンスタイルの客車。

乗客と車掌がホームから消え発車直前になると，子連れのお母さんが駅に敷いたムシロに干した穀物を集めにやって来た。

撮影日：1970.11.2

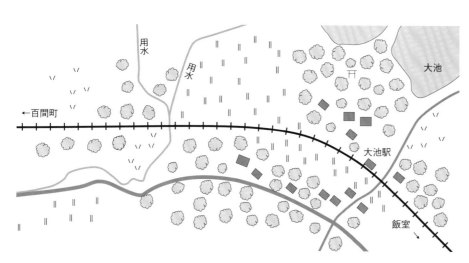

心地よい揺れと暖かい日差しで乗客の会話がはずむホジの車内。
終点百間町で直江津行のバスに連絡している。

頸城鉄道 大池駅

　1968年10月に新黒井〜百間町，飯室〜浦河原間の両端が廃止された頸城鉄道は国鉄黒井での接続を断たれ，残存区間の百間町〜飯室間をホジ1輌が1日9往復していた。百間町〜飯室間は並走するバス道路がなく，沿線集落の足は頸城鉄道だけであった。

　百間町から森と田畑の中を走ると4つ目の駅，大池に到着する。小さな駅は森と田んぼの自然によく調和し，鉄道と自然と生活が一体となっていた。1971年5月までこの残存区間を走った3年間は，それまでとは違った頸城鉄道の魅力だったかも知れない。

森と田んぼに囲まれた大池駅に百間町行のホジが到着すると，土盛りした低いホームに車掌が降りてきて杖をついたお年寄の乗車を見守る。

百間町から朝陽を浴びて飯室に向かうホジは，晩秋の森の中をのんびりと往復していた。
両端が廃線となってとり残された区間は飯室まで森が続く。　　　　百間町－鵜ノ木

廃線直後の軌道線

伊豆箱根鉄道軌道線

撮影日：1963.2.22

　旧東海道の松並木の道路脇を，木造ポール電車が三島と沼津の間を結んで走っていた。この軌道線がまもなく消えるのを知り，正確な廃線日も知らずに訪問したところ，廃止からすでに18日が過ぎていて，未舗装路に埋もれた軌道を走る光景を僅かの差で見逃してしまった。

　しかし，何もかもがそのまま残されていた三島広小路の駅，沼津方面へ向かう旧東海道上に積まれたレール，枕木を掘り返した軌道跡，さらに鉄道線大場工場に集結していたポール電車などから軌道線在りし日の残像を感じとれた。軌道線の最終日は1963（昭和38）年2月4日であった。

伊豆箱根鉄道三島広小路駅の脇から出ていた軌道線。今にもポール電車がやってきそう。

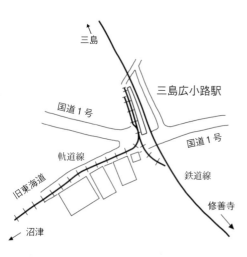

大場車庫に集結していた軌道線の車輌
（西武から昭和25年に譲受したモハ201）。

（次頁）三島広小路を出ると右にカーブして旧東海道に入る。左は鉄道線への連絡線。駅前に中華料理店の支那忠，その隣に映画館のミサイル珍道中の看板が並び，まるで模型のような昭和の街並み。

道路に置かれたレールと，枕木を掘り返した跡が残る黄瀬川停留場跡。
手前から「大国屋商店」「魚秋商店」「森田たばこ店」。

天白川に沿って走る八王子線の電車。 西日野－室山

三重交通の電車が 走っていた頃

近鉄内部・八王子線（旧三重電気鉄道三重線）

　1965（昭和40）年の夏は三重交通の鉄道線が三重電気鉄道を経て近鉄の路線になった4か月後で，三重交通の美しいツートンカラー（クリームとグリーン）から近鉄マルーン一色へ塗り替えが進行中であった。近鉄マルーン一色になる直前に見たツートンカラーの電車は，いかにも三重交通らしい最後の光景であった。

　TMS53号で紹介された三重交通三重線では「電機は51形という珍無類の4輪箱型があの寸詰まりのボディを前後にフラフラさせながら貨車やトレーラーを引いて活躍しています」との記事があったが，訪問した時は既に珍無類の車輌は消え，電車はまともで，軽便らしいのは小さな車体くらいであった。近畿日本四日市駅で近鉄湯の山線と内部・八王子線の電車が並ぶ光景は近鉄の高架化でこの8年後に消えてしまった。

撮影日：1965.8.5

三重交通松阪線からやってきた美しい丸妻電車モハ231。 内部

近鉄マルーンに塗り替え中の旧三重交通の車輌。 内部

軽便の小さな電車はホームが低くて人にやさしい。 日永

近畿日本四日市駅で標
準軌とナローの電車が
並ぶ愉快な光景。

三重交通の電車が走っていた内部・八王子線は，国内の軽便で最も洗練されていたように思う。 日永－南日永

曳馬野から牽いてきた客車を切り離し単行で発車する奥山行キハ1804。　1963.4.4　気賀口

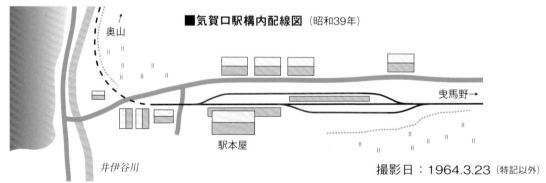

■気賀口駅構内配線図 （昭和39年）

奥山

曳馬野→

駅本屋

井伊谷川

撮影日：1964.3.23（特記以外）

ひと気のない「きがぐち」駅前。

春の陽を浴びて温暖な土地を感じさせる駅周辺の風景。

奥山まで線路が続いていた時代の気賀口。　1963.4.4

奥山線の気賀口

遠州鉄道奥山線

　浜松北方，気賀の町はずれにあった奥山線の気賀口。駅は西側に井伊谷川が流れその向こうに小高い丘があり，南側は一面の田んぼで，いかにも温暖な奥浜名湖らしい風景の中にあった。曳馬野から客車を牽いてやってきた気動車はここで客車を切り離し，井伊谷川手前の急カーブで北へ向きを変え川の土手を奥山へ向かっていた。この模型的な急カーブが気賀口の大きな魅力であった。

　1963（昭和38）年5月に気賀口〜奥山間7.7km（一日4往復）が部分廃線となり，終着駅となった気賀口を廃線1年後に訪ねてみると，車止めの先に続く築堤のカーブに奥山まで走っていた時代の面影がそのまま残っていた。ひと気のない駅，道路沿いに民家が数軒，こんな気賀口の風景も1964年秋の全廃で消えてしまった。

気賀口〜奥山間が部分廃線となった気賀口。車止めの手前に貨車が停めてあり，その先を右へカーブする廃線跡の築堤が続く。正面の小高い丘の手前に井伊谷川が流れる。

国鉄二俣線と連絡する金指駅にさわやかな陽が差す朝。遠鉄浜松行の
キハ1802が客車１輛を牽いて到着した。この先の都田口駅ではさら
に客車を１輛増結するほど，ラッシュ時は通勤・通学客で賑わった。

金指

　前日に訪れた越後交通栃尾線は３月とは言え真冬のような寒さだったが，夜行列車で到着した浜松はうって変わって暖かく雲一つない青空。チッポケな台車を履いた客車を牽く列車の風景は前回と何も変わっていなかった。気賀口〜奥山間が廃線となった気賀口駅の寂しい感じと違って，朝の金指駅には活気があった。

金指を発車し緩やかなカーブを曲がると次の祝田の先で三方原台地を登っていく。

国鉄二俣線のC58と並んだ奥山線のキハ1804。小さな気動車１輌に車掌さんが乗務。それが当たり前の時代だった。

三方原台地から下って田園地帯をしばらく走ると，国鉄二俣線と連絡する金指に到着する。奥山線の小さな気動車は金指を発車し二俣線をオーバークロスすると，その先の並走区間で排煙を上げて二俣線と並走した。金指ー岡地

DB機関車が休む袋井駅風景。

撮影日：1967.7.9
（特記以外）

駿遠線から東海道線へ乗換える乗客も意外に多い袋井駅。

横須賀街道沿いを行く

静岡鉄道駿遠線

小さな転車台で方向転換するDB607。

　駿遠線の袋井から先は，何の変哲もない茶畑や田んぼが広がる自然の中に線路が溶け込んでいた。線路は御前崎半島を経由して新藤枝の先，大手まで延々64.6kmも続いていたが，堀野新田〜新三俣間が部分廃止となってから袋井を訪れた時は，残された袋井〜新三俣間も廃線の1か月前であった。

　この区間は線路が横須賀街道（現・県道41号）についたり離れたりしていた。そこをDB機関車に牽かれた列車が何本も走っていたのはこの数年前であった。終焉間近の袋井から新横須賀までを乗り歩いてみたが，日中にDB機関車牽引の列車を見ることはなかった。

街道を並走するオート三輪に抜かれる列車。　1963.4.4　柳原－諸井

新岡崎

最後尾に荷物合造車が連結された袋井行列車が到着すると，背に荷を担いだ行商人のおばさん達が乗り込んでいく。荷物室と仕切られた客室では，行商人のおばさんが食品などを街に売りに行くのか，お札を数えていた。

新横須賀

　駿遠線は新三俣までほぼ旧横須賀街道に沿って走る。城下町横須賀は大きな街で旧街道沿いに開けていた。街の南外れに新横須賀駅があり，その先は見渡す限り一面の田んぼが続き，広い駅構内では客車が休んでいた。

石津—七軒町

新横須賀駅改札口。

田んぼの中の小さな駅。
七軒町

海と山に挟まれた狭隘な参宮線鳥羽駅。その一角を電車は急カーブで向きを変え，港街の曲がりくねった線路を進んで半島の山間に入っていく。

夏の夕暮れ時，勤めを終え家路へ急ぐ乗客で荷物室まで満員の荷物合造電車モニ554＋モニ562。　　賢島

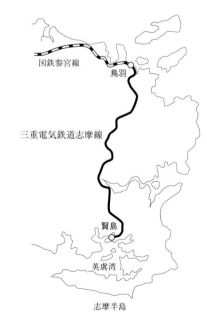

国鉄参宮線

鳥羽

三重電気鉄道志摩線

賢島

英虞湾

志摩半島

国鉄参宮線のC57牽引の旅客列車に乗ってたどり着いた終着駅鳥羽。

志摩線 半島を巡る

三重電気鉄道志摩線

　国鉄参宮線の終着駅鳥羽から三重電鉄志摩線の小型電車が発着していて，海を背にした鳥羽駅では，C57の旅客列車と志摩線の電車が顔を合わせていた。電車は鳥羽駅を発車するとすぐ急カーブをきって，風光明媚な志摩半島を賢島へと向かっていた。

　リアス式海岸で名高い志摩半島には数々の観光名所があるが，半島内陸部の山間をいく志摩線からは海が見えるようなところがほとんどなく，カーブの連続とひと気のない山間ばかり。しかし，こんな路線を走る電車はどれも魅力的な小型電車で，三重交通時代からのツートンカラーがよく似合っていた。この翌年に近鉄志摩線となり，さらに改軌されて志摩線の風景は激変した。

撮影日：1964.7.6

カーブと起伏が多い沿線を行くセミクロスシート車のモ5401。外観は平凡だが垂直カルダン駆動の珍しい電車。　志摩神明－賢島

ひっそりと静まり返った駅前。駅の向こうは九頭竜川河口で，遠くに越前の山並みがかすかに見える。

撮影日：1968.1.14

線路の先へ延びる道は海岸沿いに名勝東尋坊へと続く。

ホームの目前に迫る漁船。

荒波がしぶきとなって海岸に吹き上げる日本海。

冬の三国港

京福電鉄福井支社 三国芦原線

　福井を出た京福電鉄は福井口で越前本線と三国芦原線に分かれ，三国芦原線は北陸本線と並行し芦原で進路を変え，しばらくすると終点三国港に到着する。駅は九頭竜川河口にある三国漁港が目前で，人影もない寂しい駅のホームから豪快な日本海の荒波が眺められた。その日，夜は芦原温泉に泊まり，炬燵が入った布団に横になると外には新雪が積もり始め，翌朝の三国芦原線は真っ白な世界となった。

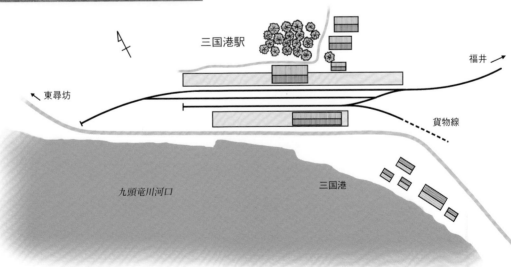

三国港駅

福井 →

← 東尋坊

貨物線

九頭竜川河口

三国港

九頭竜川河口の先に荒れ狂う日本海が広がる。駅一帯は荒波のしぶきの中にあった。

旧永平寺鉄道からの引継車ホデハ104～107（昭和5年製）が単行で行き来し，行き止まりにある車庫には
更に古いホデハ101（大正15年製）が休んでいた。これらの旧型電車と雪の永平寺駅がよく似合っていた。

永平寺駅構内配線図

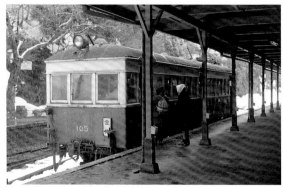

乗客を待つ金津行のホデハ105。

立派な駅舎の永平寺駅。

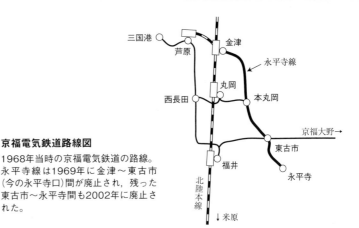

終着駅，永平寺

京福電鉄福井支社 永平寺線

　北陸本線金津（現・芦原温泉）と永平寺を結んでいた永平寺線は，旧永平寺鉄道から引き継いだツートンカラー（グリーン／クリーム）の楕円窓電車が曹洞宗大本山永平寺の参拝客を乗せて走っていた。山間にある終着駅・永平寺には二棟続く立派な駅舎があり，雪の永平寺駅に楕円窓電車がよく似合っていた。駅前に出るとすぐ永平寺の門前町が開けていた。

　まだ団体旅行が盛んな時代で，車内には一杯飲んでいるのか赤ら顔をした社員旅行風の客が大勢いた。また，若い旅行グループも見られ，乗客の多くは芦原温泉や東尋坊と組合わせた温泉と永平寺詣の旅だったのだろう。

撮影日：1968.1.14

満員の客を乗せて到着した単行ホデハ105。参拝客がドッと降りると雪の永平寺駅は静まり返っていた。

スプリングポイントの向こうに広がる滝駅。生い茂った草に埋もれてしまいそうなホームと線路。草むした構内で遊んでいる子供たち。未舗装で真っ白に乾いた道路を日傘を差して歩くご婦人。道路沿いの傾いた電柱に裸電球の街灯が一つ。線路通行禁止の警告板，そして駅周辺に並ぶ昭和30年代の民家。

撮影日：1962.8.2

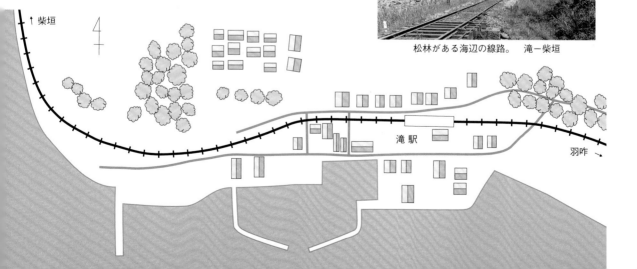

松林がある海辺の線路。　滝ー柴垣

切符や入場券が買えた小さな滝駅。

漁港がすぐそば 滝駅

北陸鉄道能登線

　国鉄七尾線の羽咋で能登線に乗り換えて二つ目，滝駅は夏の陽を浴びて静まり返っていた。線路が草に埋もれた交換駅のホームに降りて小さな駅本屋に向かうと駅員がいて，切符と入場券が買えた。駅の前はすぐ漁村で漁港が近い。能登の民家，漁港，海，そんな漁村を行く能登線の風景はまるでジオラマのようであった。

　時々やってくるトレーラーを牽いた気動車は海水浴客で超満員。滝駅を発車すると前方一面に能登の海が開け，列車は右へカーブしながら海に接近し，松林がある海辺の線路を走って行った。

滝駅を発車した気動車はトレーラーを牽いて倉庫や民家の間を抜けて海辺へ向かう。　滝ー柴垣

県庁前から公園下まで金沢城と兼六園に挟まれた通りは静かで，自転車をよく見掛けた。

石川橋をくぐり坂を下ると公園下の分岐点に出る。公園
下の向こうに豊かな自然が拡がる。　　県庁前－公園下

撮影日：1964.12.31

5系統の2軸電車は街の中心部から離れた東金
沢駅や寺町まで走っていた。味噌蔵町－公園下

大晦日の金沢

北陸鉄道金沢市内線

　大晦日の金沢の街は人々がせわしく行き交い，市内線が忙しそう
に走り回り，電車通りに面した老舗店では正月を迎える大晦日の高
揚感が漂っていた。近江町市場がある武蔵ヶ辻は電車に乗って近郊
からやってきたと思われる買物客でごった返し，電車のりばには活
気が溢れていた。

　濃緑に塗られた小さな2軸電車は車体を揺らし城下町金沢のクラ
ンク道路を駆け抜け，遠くは国鉄東金沢駅まで走っていく路線もあ
った。こんな光景もこの2年後に消えてしまった。

近江町市場の買い物客で賑わう中心部「武蔵ヶ辻」の大晦日の風景。

寺町からやって来た5系統の2軸電車は，橋場町の交差点を抜けると遠く離れた東金沢駅前へ向かう。

　この年の大晦日は金沢に雪がなく，残雪すらどこにもなかった。兼六園下では兼六坂を上り下りする5系統の2軸電車をよく見かけた。電車は兼六園下で90度曲がると，味噌蔵町の古い町並みのクランク道を抜け，橋場町へ向かっていった。

左にカーブして粟ヶ崎海岸へ延びる営業休止中の
線路と島式ホーム。その右手に駅舎があり背後に
内灘砂丘が迫っている。余りに殺風景な行き止ま
りで，ここは粟ヶ崎海岸駅かと勘違いした。

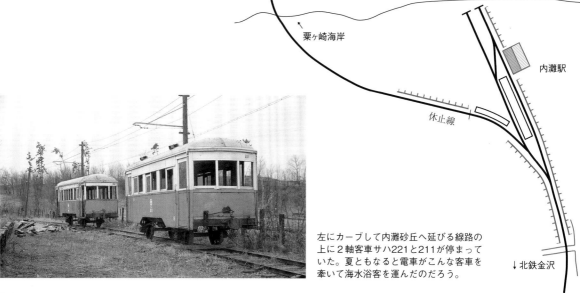

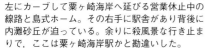

左にカーブして内灘砂丘へ延びる線路の
上に2軸客車サハ221と211が停まって
いた。夏ともなると電車がこんな客車を
牽いて海水浴客を運んだのだろう。

小屋のような内灘駅の駅舎。

海辺に延びる線路

撮影日：1964.12.31　　**北陸鉄道浅野川線**

　金沢から出ている北陸鉄道浅野川線の終着駅内灘は，今も大野川の対岸にある。駅の先を左にカーブして，内灘砂丘を粟ヶ崎海岸駅まで延びる線路は夏季のみ運行で，夏ともなれば電車が海水浴客を運んでいたのだろう。地図に記された粟ヶ崎海岸駅は海が目の前であった。

　内灘から海岸まで延びる営業休止中の線路にポツンと2輌の客車が停まっていた。駅は内灘砂丘の手前で行き止まりとなり，殺伐とした光景の中にあった。ここは内灘試射場に物資を輸送する貨物駅であったが，1960（昭和35）年5月に旅客用の停車場を開設している。

夏季に海辺まで走る時に使われるのか，カーブした線路にもう一つ小さなホームがあった。

大晦日の朝，粟ヶ崎駅前は電車から降りる人，駅に向かう人々で賑う。そんな風景を後に電車は内灘へ向かって行った。

粟ヶ崎

　北陸本線は1963（昭和38）年4月4日に福井から金沢まで交流電化され，金沢駅は赤い新型電車の急行「ゆのくに」や「加賀」などで賑わっていた。国鉄も様々な入れ替えがあった時代だった。そんな華やかな金沢駅とは対照的な風景が金沢市内や周辺の各所に存在していた。

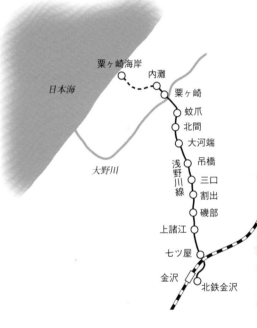

日本海

粟ヶ崎海岸
内灘
粟ヶ崎
蚊爪
北間
大河端
吊橋
浅野川線
三口
割出
磯部
上諸江
七ツ屋
金沢
北鉄金沢

大野川

浅野川線と言えば大野川の橋梁。
橋の向こう側に見える川べりの家
並みは，この時代特有の風景だっ
た。　　　　　　粟ヶ崎一蚊爪

七ツ屋

　金沢の駅前から浅野川線に乗って一つ目の七ツ屋駅は，小さな検車庫と奇妙な駅舎があって興味深い一角だった。その後，検車庫は内灘に移転してしまい，七ツ屋はホームと待合室だけの殺風景な駅になってしまった。

七ツ屋の車庫に休むモハ3561とモハ3551。

七ツ屋駅構内配線図

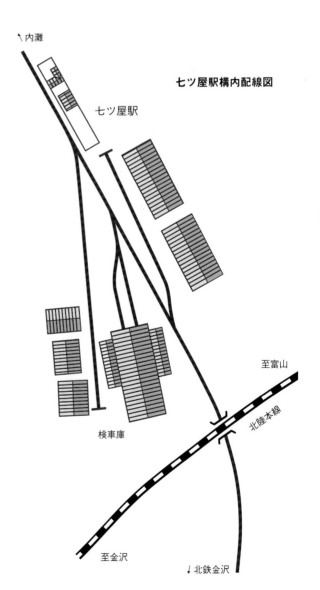

引込線の奥に留置されていた廃車の2軸電車。

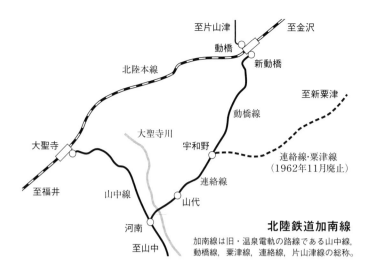

至片山津　至金沢
動橋
新動橋
北陸本線
動橋線
至新粟津
大聖寺川
宇和野
連絡線・粟津線
（1962年11月廃止）
大聖寺
連絡線
至福井
山中線
山代
河南
至山中

北陸鉄道加南線
加南線は旧・温泉電軌の路線である山中線，
動橋線，粟津線，連絡線，片山津線の総称。

大聖寺川を渡り山代へ

北陸鉄道加南線

　北陸本線大聖寺から出ている山中行電車に乗り河南で山代行に乗換えると，電車は右にカーブして大聖寺川の鉄橋を渡る。鉄橋の先に神社を囲むこんもりした木立があり，一面の田園を見て桜並木が続く築堤上を電車は行く。鉄橋と木立と築堤を組合わせた田園風景はまるでレイアウト・セクションのようであった。

　元遠州鉄道のクハを連結したモハ3300形や元温泉電軌のモハ1800形の単行が，温泉客を乗せてしきりに河南～山代間を往復していた。電車はこの築堤を進むとすぐ温泉街に入り，車庫がある山代駅に到着する。今ではこんな長閑な風景はすっかり消えて立派な温泉ホテルが軒を並べている。

撮影日：1964.12.29

河南を発車した電車は大聖寺川の鉄橋を渡って山代へ向かう。

一面田んぼの向こうを神社の木立，桜並木を背にした築堤を行く電車。

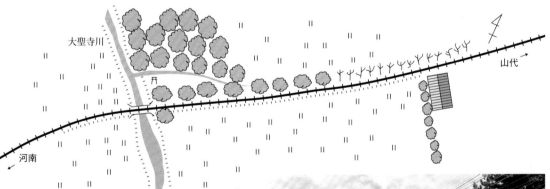

大聖寺川

山代 →

← 河南

草茂る築堤を進むと温泉街に入る。

鉄道と道路が生活に優しく調和していた山代温泉の街。

12月末の冷え切った早朝の観音下駅。

撮影日：1964.12.30（特記以外）

観音下の先で鉱石運搬用の索道がオーバークロスする。尾小屋に近づくにつれ底冷えがして，枯れ草が次第に白くなってきた。

120

郷谷川沿いを尾小屋へ

尾小屋鉄道

北陸鉱山の看板が新小松駅の一角にまだあった。
後にこの一角は一掃され駐車場になった。 1970.11.3

　観音下(かながそ)から郷谷川の渓谷沿いを山間に奥深く入るが，そこに尾小屋鉄道らしい風景が展開する。初めて訪問した時にオープンデッキから見たこの区間の風景は，索道あり，トンネルあり，渓谷あり，木橋ありと，次第にクライマックスに達し，その変化に歓喜した。

　観音下駅からは鉱石運搬用索道のゴンドラがよく見えた。1962(昭和37)年には日本鉱業尾小屋鉱山は閉山していて，後を引き継いだ北陸鉱山が細々と採掘を続けていたようだ。尾小屋鉄道がインゴットを輸送していた時代は遠い昔のことで，何回か訪れた頃には主力はとっくにトラック輸送に切り替わっていた。

索道のゴンドラが見える観音
下－倉谷口間。　1970.11.3

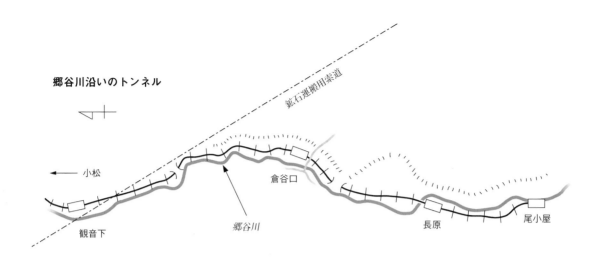

郷谷川沿いのトンネル

鉱石運搬用索道

← 小松

観音下

郷谷川

倉谷口

長原

尾小屋

郷谷川沿いを走る。

線路は郷谷川沿いの崖っぷちを通り，反対側には山が迫っている。
霜で真っ白になった枯れ草の上で列車を待つと，ダブルルーフの客
車を牽いたキハ1がトンネルの中へ消えていった。

郷谷川を渡るとすぐ長原に到着する。
遠くの山間に早朝の日が差すが，長原の集落はまだ薄暗く一面霜で真っ白。

尾小屋駅

　尾小屋駅は駅舎のすぐ下を郷谷川が流れ，奥に伸びた線路の先には駐泊小屋が2棟，その先に小さなターンテーブルがあった。

小さな駐泊小屋。　1970.11.3

清流の畔に建つ小屋2棟。

主力の小型電車モハ1001は日鉄自動車製で全長11.8m。　1967.9.29

国鉄小松駅の片隅で

北陸鉄道小松線

　国鉄小松駅の裏側から東方に向かって出ていた小さな路線が小松線である。最初に訪問した1962（昭和37）年には漫画に出てきそうな小型電車が主力で活躍し，駅には生え抜きの2軸電車や，北陸鉄道各線から玉突きで追い出されてきた古典車輌などが寄せ集められていた。

　1971年に金石線からモハ3000形5輌が入線したのを境にして，その後は特徴のない路線になってしまった。

「ハニベ厳窟院大佛　北陸鉄道」の看板が掲げられた小松線の改札口。国鉄連絡口と小松製作所専用改札があるのみであった。

小松駅には生え抜きのほか北陸鉄道他線から転属してきた種々雑多な車輌が並んでいた。

撮影日：1962.8.1（特記以外）

白山電気鉄道時代から生え抜きの２軸電車モハ501。

木造のボギー付随車サハ511は元金石線ハフ12。

小松製作所の脇にある小松駅。見える電車はモハ3000形に統一されている。
手前にあった尾小屋鉄道新小松駅はこの翌年に廃止された。　　1976.4.9

駅前にボンネットバスから降りてきたベテラン運転手と若い車掌。店舗は今ならコンビニ、その屋根に掲げた奇妙な絵は観光案内か。納涼ナイターの看板，背後に海南駅の蒸機の煙が漂う。のどかな昼下がりの日方駅。

撮影日：1965.8.4

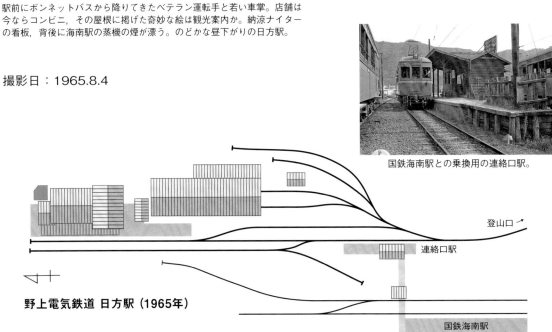

国鉄海南駅との乗換用の連絡口駅。

野上電気鉄道 日方駅 (1965年)

登山口

連絡口駅

国鉄海南駅

藤白山脈を背にした構内に揃った元阪神の小型車。

昼下がりの日方駅

野上電気鉄道

　紀勢本線海南駅から離れたところに野上電鉄の起点日方駅があった。日方駅は80mほど先に国鉄海南駅との乗換え専用の連絡口駅もある変わった駅である。背後に藤白山脈が迫る構内には，地味な青緑色に塗られた元阪神の小型車がいたる所に休んでいた。

　木造駅舎の入口に木板に手書した日方驛の文字。コンビニや自動販売機，ワンマンカーもまだなかった時代。電車が発車するまでのひと時，昼下がりの日方駅にはこの時代独特の空気が流れていた。

味わい深い日方駅
の木造駅舎。

家並みをぬって現れたDB2012が牽く貨物列車。　西御坊－日高川

撮影日：1964.7.9

御坊市街の家の軒下をかすめて気動車が走る。小さな踏切小屋の向こうに見えるのが廃駅となった日の出紡績前の小さなホーム跡のようだ。　西御坊－日高川

海辺の小鉄道

御坊臨港鉄道

　紀勢本線御坊から日高川の河口にある日高川まで3.4kmを結んでいた御坊臨港鉄道（現在の紀州鉄道線）。

　現在の終点西御坊から先は紡績工場の貨物線が分岐していたり，御坊市街の家並みに挟まれた線路に小さな鉄橋や踏切があったり，まるで模型の箱庭レイアウトのような世界だった。

　街はずれにあった終着駅日高川は木材の集積場でひっそりとしていた。時々小編成の貨物列車がやって来るなど変化に富んだ区間でもあった。こんな小鉄道の西御坊－日高川間も1989（平成元）年に廃線となった。

小さな踏切と小さな駅跡，御坊の家並み，日の出紡績のレンガ塀，まるで模型のようだ。

終着駅日高川は街はずれの日高川河口にあり貨物駅同然で，周辺に木材が雑然と積み上げられていた。

改札口にぶら下がった提灯，ホームの奥に見えるタライ，竹竿の踏切を行く通行人，
ホームの前から出ている紡績工場専用線のポイントが一基…奇妙な西御坊駅。

夏の陽がガンガン照る伊太祁曽駅の交換風景。元江若鉄道のモハ205と元片上鉄道のクハ802。

モハ202は和歌山鉄道時代からの生え抜きで，元キハニ202。片側にあった荷台を撤去，台車も履き替え，すっかり電車に変貌している。　東和歌山

モハ201＋クハ803＋モハ202。元片上鉄道のガソリンカー改造車を挟んだ，朝の通勤・通学時間の珍編成。手前のモハ201もモハ202と同じく和歌山鉄道時代からの生え抜き。東和歌山

江若鉄道から譲り受けたガソリンカーを改造したモハ205と206はとても小さな電車で，朝のラッシュが終わると切り離されて，モハ205は単行で活躍していた。　甘露寺前－貴志

クハ802＋モハ603。クハ802は元片上鉄道のガソリンカー改造客車をクハ化した。両端荷台付で正面2枚窓と，ガソリンカーの外観をそのまま残している。　東和歌山

丸みの強い顔立ちを持つ元片上鉄道のクハ803。　大池遊園

貴志川線 雑型車の時代

南海電気鉄道貴志川線

　1965（昭和40）年の貴志川線（現在の和歌山電鐵）は，和歌山鉄道時代からの様々な雑型車が活躍していた。朝の東和歌山駅では通勤・通学客を満載した３輌珍編成が次々とやってきて，朝のラッシュが終わると編成を切り離した２輌編成や単行が和歌山郊外の貴志までのんびり行き来していた。

　好ましいスタイルの電車は，驚くことに江若鉄道や和歌山鉄道非電化時代のガソリンカーを改造して電動化したものが多く，それらと組むクハも元片上鉄道のバケット付ガソリンカーの外観そのままの凄い車輌で，どの編成にも面白さがあった。その後，南海モハ1051形などの投入により，これら雑型車は一掃されてしまった。

撮影日：1965.8.4

真夏の大池遊園を行く
モハ605＋クハ804。
阪神や阪急の古い車体
と手持ち台車を組合わ
せた電車もいた。
　山東一大池遊園

タマゴ型元ガソリンカーの混合列車が到着した真夏の昼下がり。
自然豊かな大池遊園駅のホームに下り立つ女の子と母親，そして学校帰りの女学生。

土山から5号機が長大な混合列車を牽いて戻ってきた。

別府港の煙

別府鉄道

　明石から山陽電鉄に乗って20分ほど，築堤上にある電鉄別府駅に到着すると，少し離れた別府港駅あたりから蒸機の煙が垂直に昇っているのが見えた。商店もほとんどない駅前通りを抜けて別府港駅に向かうと，野口線を湘南色の気動車がノロノロと走って行った。

　別府港駅では日立製の蒸機5号機が盛んに入換作業をやっていて，しばらくすると貨車数輌に客車1輌を連結した混合列車が土山線を発車して行った。土山線は貨物輸送が主であるが，客扱いの混合列車が1日5往復あった。駅の北側にまるで城塞のような板塀で囲まれた一角があり，塀の隙間から内部を覗くとそこは別府機関区で，雨宮製蒸機が煙を吐いていた。

撮影日：1962.7.28

板塀の中にある別府機関区。雨宮製蒸機が見える。

別府港を発車した土山線の客貨混合列車が別府機関区の脇を行く。

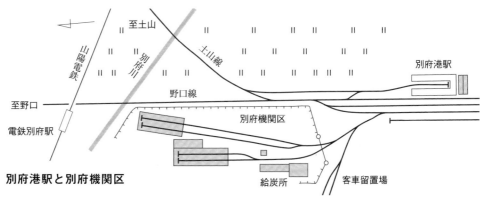

別府港駅と別府機関区

別府機関区横を行く野口線のキハ3の先に電鉄別府駅が見える。

別府機関区の奥には２軸客車が７輌も留置されていた。

脇を並走する道路の埃で緑は真っ白に。

淡路長田は民間委託駅で住込みの奥さんが切符を売っていた。
草花が咲き乱れ，石碑が建つホームは民家の庭のよう。

沿線各所にあった淡路のタマネギ小屋。

埃だらけの山越え

淡路交通

　淡路島の洲本から福良まで走っていた島の電車の沿線名物は，タマネギと道路の埃と先山（淡路富士）だった。全線にわたって平坦な区間が多い路線で，淡路長田〜淡路広田間の山越えは絶好の撮影ポイント。福良からの帰りに淡路長田で下車し，俯瞰写真を狙って淡路広田へ向けて線路を歩きはじめた。しかし，この区間は未舗装路が線路に接近し，電車はトラックが巻上げる猛烈な埃を浴び，沿線の緑は消え，一面埃だらけの世界に。

　沿線の農家で水を飲ませてもらうと，そこのお婆さんからハメ（マムシ）に気をつけなさいと言われ，埃とマムシの恐怖で草木の中には一歩も立ち入ることができなかった。

撮影日：1965.8.2

元南海のモハ1003と制御車代用のモハ2009が淡路長田を発車。この先で25‰勾配を登り山越えをする。

淡路広田に下って納を過ぎると夕暮れの先山を背に走る。モハ2006＋クハ111。　納－淡路二本松

最高地点を過ぎると視界が開ける。
淡路広田へ下るモハ1003。

先山の麓に流れる水を桶にくむ夕暮れ時。

勤め帰りの人々を載せて走る島の電車。　先山－淡路二本松

　　洲本の街を望む最高地点を過ぎて淡路広田に下ると，その先は先山を望む穏やか
でのどかな沿線が続く。夏の日も傾き始めた夕暮れ時は，工場帰りの若い女性達で
島の電車も賑やかになってきた。

大江山の麓 加悦駅

加悦鉄道

　加悦鉄道は国鉄宮津線（現・京都丹後鉄道）の天橋立の先にある丹後山田（現・与謝野）から加悦まで5.7kmを走っていた。加悦駅の構内には煙吐く蒸機と無数の古典客車が休んでいて，どの客車も老朽化した感じはなくしっかり保守管理された美しさがあり，そのほとんどが現役であった。

　加悦駅の先には大江山鉱山からニッケル鉱石を輸送していた時代の鉱山専用線が残っていた。伝説の山・大江山を望む加悦駅の風景は，丹後ちりめんの里・加悦町によくマッチしていた。

撮影日：1962.7.31

　4号機（大正11年川崎造船所製）。この日，日本冶金工業（株）岩滝工場の作業をして丹後山田から戻ってきた。この時代の蒸機は岩滝工場（精錬所）～丹後山田間の貨物輸送に使われていた。

初めてツートンカラーに塗られた大きなキハ51がこの年に入線した。　加悦

現役の古典客車。この数年後まで小型ディーゼル機
関車DB201に牽引されて活躍することがあった。

夏草茂る中で休車中の2号機（明治6年
英国スティブンソン社製 元官設鉄道）。

大江山を望む加悦駅の名場面で，見事に古典車輌が揃っていた。

大江山を望む加悦駅は，丹後ちりめんの里・加悦町によくマッチしていた。

岩倉駅を発車，一面の田んぼを行くポール電車デナ21形。　岩倉－木野

厳寒の岩倉盆地

京福電気鉄道鞍馬線

　鴨川合流地にある出町柳を始発とし八瀬遊園（現・八瀬比叡山口）へ向かう叡山線。その途中駅・宝ケ池で鞍馬線が分岐する。宝ケ池を出た鞍馬線は左へカーブして方向を変え，一面の田んぼに出るとそこに岩倉駅があった。岩倉までは複線だがこの先は単線となり，沿線に人家もなく自然豊かな美しい山並みと田園風景の中をポール電車が走っていた。中でも生え抜きの美しいデナ21形がこの風景によく似合っていた。

　一面田んぼの岩倉盆地の1月は比叡山から吹き下ろす寒風で一段と底冷えがした。名所旧跡がいたるところにある土地であったが，この後に住宅開発が進み，一面の田んぼも今は家で埋め尽くされ，あの時代の岩倉盆地の風景は消えてしまった。

箕ノ裏ヶ岳（正面）の麓から岩倉川が流れ，山に囲まれた一面田んぼの岩倉盆地に寒風が吹く。　木野－岩倉

比叡山から吹き下ろす寒風を受け，岩倉
盆地を行くデオ200形。 岩倉－八幡前

撮影日：1969.1.2

比叡山を望むひっそりした岩倉駅。

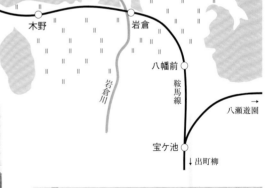

初詣の人出や看板など正月らしい起点の出町柳駅。

冬の陽が差す終着駅の周辺には畑が広がり，市街からやってきた電車は発車まで暫しの休憩。乗客に踏みつけられた線路が土に埋もれていた。国鉄幡生駅へは地下道をくぐって反対側へ歩いて5分ほど。

テレビアンテナのある小屋は乗務員の休憩所であったようだ。待合室の脇に切符売場の小さな窓口があり「切符をお買い求めの上ご乗車ください」の表示があった。

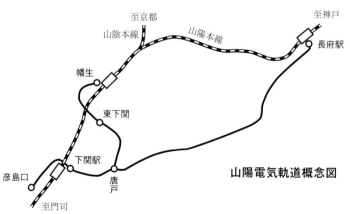

山陽電気軌道概念図

ある日の
山陽電軌 幡生線

幡生駅

　路面電車に短い支線があると，市街から離れた終着駅に一体何があるのか行ってみたくなるもの。下関の山陽電気軌道（1971年全廃）には東下関～幡生間2.2kmの幡生線という専用軌道の区間があった。

　賑やかな下関の繁華街を走ってきた路面電車は，くじら模様の山電バスと路面電車で賑わう東下関を過ぎ山陽本線をまたぐと，田んぼの中をしばらく走り幡生で行き止まりとなる。その終着駅は畑の中にあって駅の背後をよく見ると国鉄らしき架線柱が見え，ここは山陽本線幡生駅の片隅であるのが分かる。

撮影日：1967.2.27

国鉄幡生操車場の片隅にひっそりと佇む山陽電軌の幡生駅。そろそろ発車時間で運転士と車掌が小屋から出てきた。駅員はいない。

金比羅駅

　幡生の二つ手前にあった金比羅駅は，海と金比羅公園の高台が近い小さな駅だった。1962（昭和37）年に金比羅駅を利用した方からこんなコメントがブログにあった。

「金毘羅駅，なつかしいです。1962年小1だった私は，この駅を降りて左にみえる道路を渡り坂道を登って，海が見える高台の画家さんのアトリエに通っていました。大坪から金毘羅駅の途中が立体交差になっていて，下を列車が行き来している光景が子供にとっては都会のイメージとして強烈に残っています。今見るとずいぶん戦後っぽい景色だったことが分かり，それはそれで感慨深いです。」（まり）

　高台のアトリエから見えた日本海，金比羅駅，山陽本線をオーバークロスする幡生線などの景色を想像すると，幡生線の電車が専用軌道を走る光景はまるでジオラマのようだったのだろう。

下関方面からやって来た幡生行。左の道路は今は4車線の立派な道路に。

幡生から戻って来た彦島口行。左手が海。右に見える民家が戦後を感じさせる。

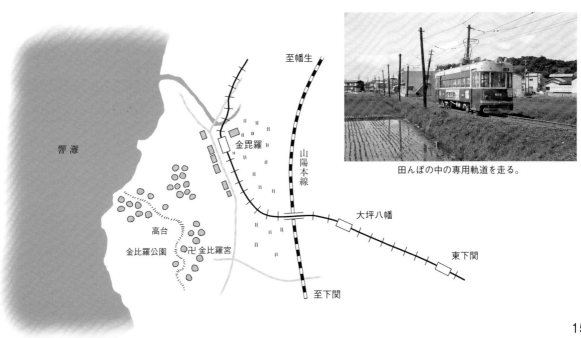

田んぼの中の専用軌道を走る。

朝の賑わい東下関駅

　幡生から来た電車はここで専用軌道から複線の併用軌道に入る。左手に車庫があり朝のラッシュ時間帯を終えた大量の単車が休んでいて、車庫はまるで単車王国のようであった。煙突から流れる真黒い煙、道行くジープやバス、街を行く人々、建物など、いかにもこの時代を感じさせる。よく見ると駅のホームに放し飼いの犬がいる。

西大寺の家並みの中に入っていく3フィートゲージの線路。

最後の夏

西大寺鉄道

　国内では珍しい3フィートゲージの西大寺鉄道。岡山の後楽園を始発とし財田で山陽本線東岡山駅に接続，ここで軽便の小さな貨物ホームと国鉄貨物ホームの間を手押車を使って貨物積替えを行なっていた。極小のアーチバー台車を履いた地を這うようなボギー貨車が気動車キハ6や7に牽かれて財田〜西大寺市間を往復していた。

　廃線が迫る1962（昭和37）年の夏。田んぼの中の広谷駅から建設中の国鉄赤穂線の線路がよく見え，それを横目で見ながら夏草茂る軌道をキハ7がえらいスピードで走っていた。東岡山から西大寺まで軽便と並走する国鉄赤穂線はこの年9月に全通し，西大寺鉄道はその役目を終えた。

交換駅の財田には小さな貨物ホーム（左手）があり，東岡山駅の貨物ホームと対面している。側線に数輌のボギー貨車が休んでいた。

背の低いボギー貨車を牽いて砂川の土手を越え西大寺市へ向かうキハ7。

撮影日：1962.7.29

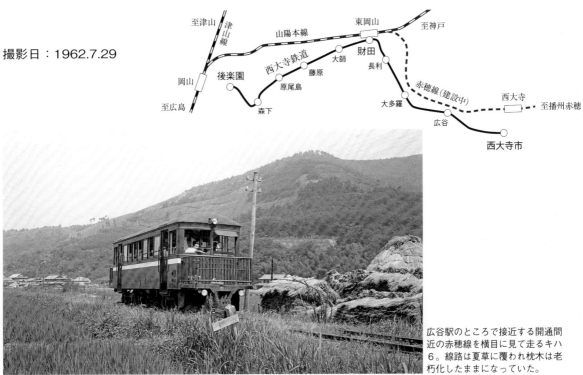

広谷駅のところで接近する開通間近の赤穂線を横目に見て走るキハ6。線路は夏草に覆われ枕木は老朽化したままになっていた。

列車交換で西大寺市行を待つ気動車とホームの客。気動車の脇に鉢植えと洗濯物が見える昼下がりの財田駅。

財田

　財田駅は後楽園と西大寺市の中間点で，山陽本線東岡山駅に接続する。

　朝は西大寺から岡山方面へ向う乗換え客が財田駅から東岡山駅へ連なる賑やかな光景があった。

後楽園駅とは対照的で立派な財田の駅舎。

後楽園

大きな堀を渡り岡山後楽園に入るとその奥に駅の看板が見えた。
看板の文字はかすれて後楽園の駅名が読めない。

朝の後楽園駅はひっそりしていて待合室にいた客はお婆さん二人だけ。

奥のターンテーブルへ延びる線路は左のお屋敷を避けてこんなカーブになってしまったのか。　後楽園

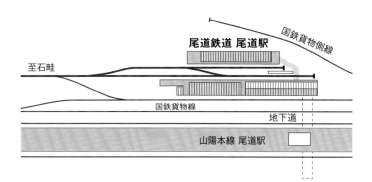

尾道鉄道 尾道駅
国鉄貨物側線
至石畦
国鉄貨物線
地下道
山陽本線 尾道駅

尾道の電車

尾道鉄道

　山陽本線尾道駅のホームが帰宅客で賑わいはじめた夕方，駅の地下道を進むと，背後に山が迫る狭い一角に「尾道鉄道のりば」があり，小さな2面のホームにグリーンとクリームに塗られた電車や客車が休んでいた。

　発車を待っていたのは丸みを帯びた自社製のデキ16とそれに牽かれた小さな客車。どれを見ても一風変わっていて，いかにも昭和30年代の地方私鉄らしい風景が，夕闇せまる尾道の土地に似合っていた。

　尾道の電車は，この2年後に消えてしまった。

デキ16。近江鉄道からやってきたクハの奇妙な台車を利用して，尾道鉄道の三成工場で車体を新製し，電装品は廃車となった単車デキ5・6のものを使用している。

尾道の街に灯りが燈り始める頃，個性溢れる電車が客車1輛を牽いて発車して行った。

撮影日：1962.7.30

板台枠に軸箱上の板バネを備えた，奇妙なリンケホフマン製の台車。近江鉄道から買い取られてきたクハ21・22に装着されていた骨董品をデキ16に流用した。

味わい深い木造待合室や筆によるひらがな駅名表示，まるで模型の情景を見ているようだ。キ61は元芸備鉄道のガソリンカーで近江鉄道を経由してやってきた。

２番線から発車する神辺線のホジ７。

良き時代の井原駅

井笠鉄道

　山陽本線の笠岡から赤い気動車ホジ２に揺られて到着した終点井原は，国産ジーンズの代表的な生産地。駅の周りにはこの地方独特の白壁に黒瓦の家屋が多く，背後に緑茂る丘陵が迫っていた。

　井原駅の広々とした構内には旅客ホームが１本あり，１番線の本線と２番線の神辺線が発着していた。ホームを挟んで西側には車庫２棟があり，神辺線の小型気動車ホジ12やジ15が休んでいて，東側には立派な貨物上屋があった。年々バス・トラックに輸送を奪われていたこの時代の井原駅には，かつて栄えた軽便鉄道の面影がまだ残されていた。その後，この井原駅の風情は，改築されて面影をすっかり失ってしまった。

撮影日：1962.7.30

右手にカーブする神辺線の線路。

井原駅構内には車庫２棟や貨物上屋などがゆったりと配置され，その周辺に建ち並ぶ日本通運の倉庫など，かつて大軽便だった面影が残されていた。

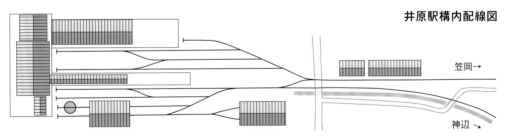

井原駅構内配線図

N

笠岡→

神辺→

ジ15が休む車庫と周辺の建物。

この頃は小口貨物が主体となっていた貨物上屋。

大井村駅のホームには桜の木が何本も植えられていた。

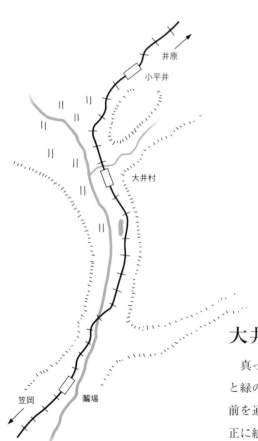

井原
小平井

大井村

笠岡　鬮場

大井村

　真っ青な空，心地よい春の陽差し，勾配を駆け下りてきた赤と緑の列車の軽やかなジョイント音…。枯れ草に寝転んで目の前を通過する軽便列車を眺めていると，春を迎えた井笠鉄道は正に絵に描いたような光景であった。

　旅のノートにあった北川～大井村間40円の出費メモから大井村で下車したのは間違いない。そこからどこをどう歩いたのか，当時の五万分の一地図と撮った写真を付け合わせてみると，大井村から鬮場（くじば）の方へ歩いて溜池のところで休んだようだ。現在の地図で廃線跡らしい小路は確認できるが，あの時の大井村の面影を残すのはこの丘陵くらいかも知れない。

闘場から大井村へ向かって春の暖かな丘陵地帯を走る。

撮影日：1967.3.8

大井村から軽やかなジョイント
音を響かせて下って来た列車。

瀬戸内の呉

呉市電

　数年前のアニメ映画「この世界の片隅に」で戦時中の呉が話題となったが，あの戦時中から22年後の呉の街には，まだ戦後の暗さを感じさせる風景があった。

　1967（昭和42）年，九州の私鉄と路面電車めぐりの帰路に立寄った瀬戸内の呉。九州内では連日夜行列車の車中泊だったが，この呉では久しぶりに旅館でゆっくり一泊できた。呉市電はこの年の12月に廃止予定ということで訪問したが，実に平凡でこれといった記憶のない地味な路面電車であった。

　当時のファンにとって呉と言えば蒸機であり，美しいC62やC59を求めて呉線を撮り歩くことが多く，呉市電などに目を向けるファンは少なかったと思われる。

駅前旅館が多い呉駅前を行く3000形。

右手が呉駅で前方に休山の山並みが見える。

撮影日：1967.3.7

呉線の美しい蒸機。

阿賀駅前電停の先を右へ分岐すると車庫があった。

空地や建物など阿賀駅前電停の周辺は殺伐とした風景であった。

　一泊した旅館があったのは国鉄呉駅の隣の安芸阿賀の駅前で，呉と安芸阿賀の間には休
山が横たわっている。市電はこの休山を半周して呉と阿賀の街を結んでいた。子ども達が
遊んでいた街角は安芸阿賀の駅前で，その先に見える山並み迫る市電通りに青山家具店が
あり，その脇の電停から阿賀車庫に入る分岐線があった。市電の阿賀車庫は呉線と電車通
りの間のかなり広い一角にあったわけだ。安芸阿賀駅前の一等地にあった車庫の跡地には
今や大きなビルが建ち，なんとなく戦後を感じた市電通りも今ではビルが乱立している。

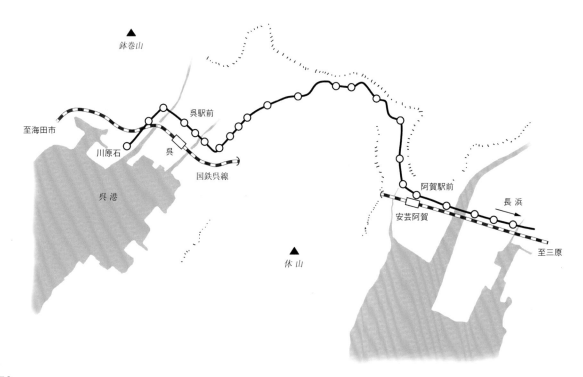

国鉄安芸阿賀の駅前で元気に遊ぶ子ども達。
その向こうの電車通りには市電が見える。

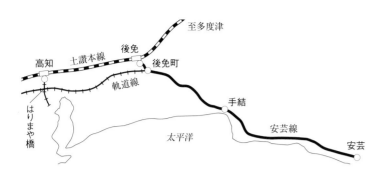

後免町のジャンクション

土佐電気鉄道

　高知市内から後免町まで走っている現在のとさでん交通後免線。かっては国鉄後免駅から土佐湾太平洋沿いを安芸まで走っていた安芸線（鉄道線）と後免町で接続していた。

　後免町では乗換えだけでなく路面電車による安芸線直通運用があり，1955（昭和30）年からは高知市内から安芸や手結まで乗入れていた。直通運転には軌道線内を準急・急行運転をする電車もあり，2連の安芸行急行などが豪快に走っていた。

　1974（昭和49）年の安芸線廃止によりこの乗入れ風景も消滅してしまい，その後，安芸線に代わる土佐くろしお鉄道阿佐線が開通したが，今の後免町の駅に昔の面影はない。

軌道線ホームをはりまや橋側から見る。

後免町駅構内配線図

軌道線のホームの反対側にあった安芸線のホーム。

安芸線から見た後免町駅の軌道線ホーム。

高知市内からやってきた軌道線の乗客は後免町で安芸線に乗換えるか，直通運転でそのまま安芸方面へ向かうこともできた。ホームの先に安芸線の線路と車庫が見え，左に安芸線のホームがある。

撮影日：1969.5.5

高知市内から来た直通運転の手結（てい）行が安芸線の線路に進入する。直通電車は密着連結器とジャンパー栓を装備して連結運転もできる仕様になっている。

明見橋電停。電車が来ないと軌道は歩道になる。

後免町行電車はこの先で高知市から南国市へ入る。　長崎

後免町から安芸線直通運転の急行安芸行が豪快に走る。
沿線の建物が味わい深い。　　　　　　　　北裏付近

路側軌道

　　後免町行電車が高知市の郊外に入ると車窓は一変し，川や小高い丘や田畑に沿って曲がりくねった道路の路側軌道がしばらく続く。特に明見橋あたりは花巻電鉄のような軒下をかすめる，かっての軌道線のムードがあり，砂利に埋もれた線路もローカルカラー満点であった。

　　このあたりの路側軌道は現在も健在だが，沿線にあった味わい深い建物が消えスッキリした風景になっている。

鯉のぼりが泳ぐ5月。明見橋の駅前商店の裏には川が流れ田んぼが広がる。その先の路側軌道を電車が走る。　　明見橋

中華そば
うどん
めし
寿司
川村食堂

土に埋もれた路側軌道が軒先かすめて走る。　領石通

観光名所大浦天主堂や旧グラバー邸がある南山手の高台から長崎の街並みを眺めると，大浦海岸通り
をやって来た電車がカーブして大浦川沿いの電車通りを行くのがよく見えた。

撮影日：1967.3.2

大浦川沿いの電車通りの入口にあった長崎木装本社（船舶内装）
の近代洋風建築。川には多くの小舟が係留されている。

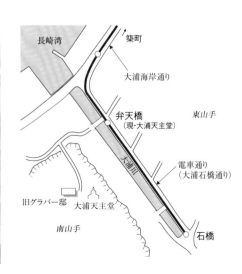

弁天橋から上流の石橋方面を見ると電車通りの背後に坂の上の家並みが迫っていた。

大浦川沿いの電車通り

長崎電気軌道大浦支線

　長崎電軌大浦支線の終点石橋の手前，大浦川沿いを走る電車通りは今もある。この一帯には南山手，東山手の長崎らしい伝統的建造物群保存地区があるが，電車通りにはこれら保存地区とは対照的な近代洋風建築の社屋，商店，映画館，小舟が係留された大浦川など庶民的な街並みがあった。名所と違って電車通りの街並みは時代の流れとともに全て消えてしまったようだ。長崎名所にもならない大浦川沿いの電車通りの街並みは，まるでシーナリィセクションのようだった。

長崎湾対岸の稲佐山を背にした電車通りに懐かしい商店の街並みが続く。　石橋

179

岩崎谷電停のところで鹿児島本線をオーバークロスする。400形は元都電4200形で細い顔に昔の面影を残している。

撮影日：1967.3.1

市電通りを一歩裏道に入ると街並みが変わる。

背後に桜島の噴煙を望む大学病院前。

消えた上町線

かんまち

鹿児島市電上町線

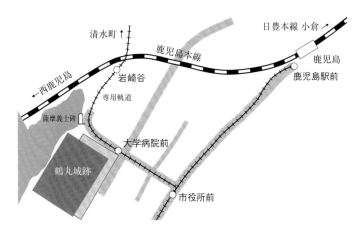

　2021年3月に鹿児島駅前駅の改築が完成した鹿児島市電。かつては市役所前から清水町まで2.2kmの上町線（1985年廃止）が走っていた。上町線は市役所前で分岐すると背後に桜島の噴煙を望む大通りを進み，私学校跡に建てられた大学病院と鶴丸城跡の間にある大学病院前に到着する。ここから城跡の堀の脇を進み，薩摩義士碑の前を右へカーブすると専用軌道となり，西郷隆盛終焉の地，岩崎谷に到着する。岩崎谷の電停は鹿児島本線をオーバークロスするところにあり，前方に上町地区の街並みが開ける。こんな歴史的名所を走る上町線には，味わい深い元都電の鋼改車300形や400形がよく似合っていた。

大学病院と鶴丸城跡の間を行く400形。　大学病院前

大学病院前を出て薩摩義士碑の前を曲がると専用軌道に入る。元都電（旧王子電軌）を鋼体化した魅力的な外観が上町線に似合っていた。

あの時代への旅 －あとがきにかえて－

2019 ～ 2022年まで 3 年ほどTMSに「地方私鉄 失われた情景」を連載した。今回この連載を再編集し，さらに新たな路線を追加し合わせて44路線の「地方私鉄 失われた情景」とした。本書では前著・写真集『地方私鉄1960年代の回想』（上下巻）に未掲載の路線を主としたが，沼尻，花巻など魅力ある路線は今回も取上げている。

本書では路線ごとの限られたページ内にどん

なテーマでまとめるか，それを決めるのに苦労した。またイメージが湧くように写真と文章だけでなく，駅構内や駅周辺などの図を極力取り入れるように努めた。あの時代の空中写真や地図から駅周辺の民家や樹木や丘などを模型的なバランスで配置してみると，それはさながらジオラマのような楽しさがあった。

鉄道写真は家も障害物もない見通しが良い野

山を行く写真も魅力だが，地方私鉄は人々の生活に近い風景が写し込まれた写真がよく似合う。何十年も経って，写った人々の服装，看板の文字，民家の佇まい，洗濯物，自動車などを見るとその時代の空気を感じ取れる。特に人が写った写真には見る側に物語が想い浮かぶことがある。

今の時代は「失われた情景」を精巧なジオラマで立体的に再現するだけではなく，作者が思い浮かべた物語をそこに表現したジオラマ作品も生まれてきている。これからもかつての情景がいろいろなかたちで再現されて多くの人々を楽しませてくれることを期待したい。

本書をまとめるにあたり，写真の選定と配置，図など，その時代の空気感をいかに出すかで，いろいろと配慮をいただいた名取紀之編集長に厚く御礼を申し上げる。

金指を後にした列車は前方の自然豊かな三方原台地に向かって，のどかな田園地帯を走る。　　　遠州鉄道奥山線　1964.3.23

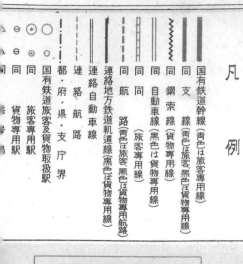

凡例

国有鉄道幹線（青色は旅客専用線）
同支線（青色は旅客、黒色は貨物専用線）
同鋼索線（貨物専用線）
同自動車線（黒色は貨物専用線）
同（旅客専用線）
同航路（青色は旅客、黒色は貨物専用航路）
連絡地方鉄道軌道線（黒色は貨物専用線）
連絡自動車線
連絡・航路
国有鉄道旅客及貨物取扱駅
旅客専用駅
貨物専用駅
同
同
都・府・県・支庁界

この地図には、国有鉄道と連絡、運輸をしない地方鉄道軌道、自動車、航路又は駅（港）及び国有鉄道自動車線の旅客専用駅は省略してある

鉄道線路図

客貨事務用

昭和27年
10月1日現在

日本國有鉄道営業局

※公共企業体として発足して間もない国鉄が客貨事務用に配布した線路図で，貨物専用支線や貨物駅，連絡運輸を行なう地方鉄道・軌道がすべて掲載されている。なお，都市部詳細は裏面に別図が収録されているが，本書所収路線と直接関係がないため割愛した。（原本寸法：232×90mmの経折）

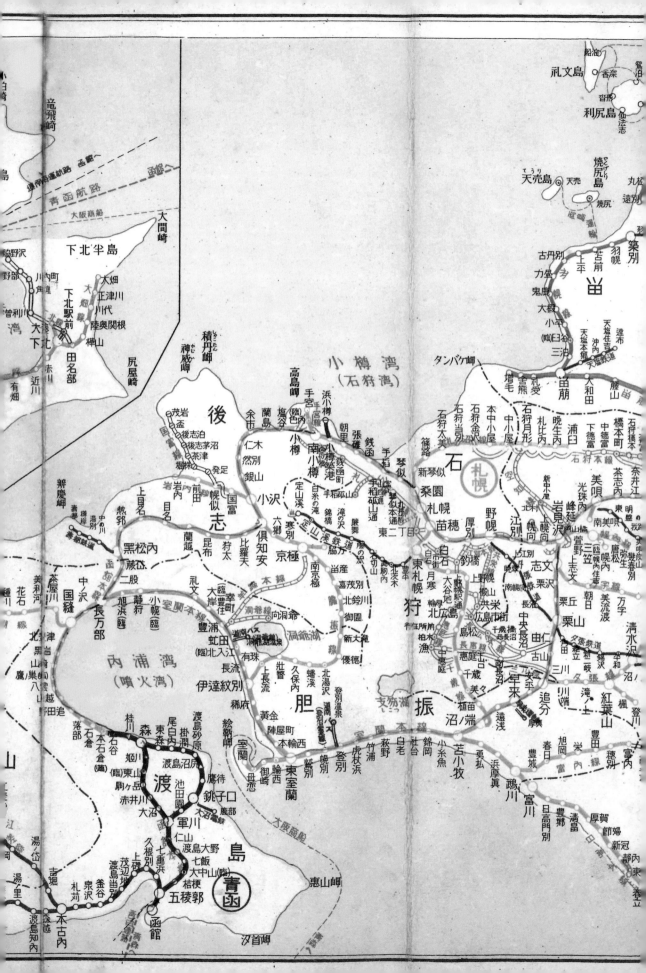

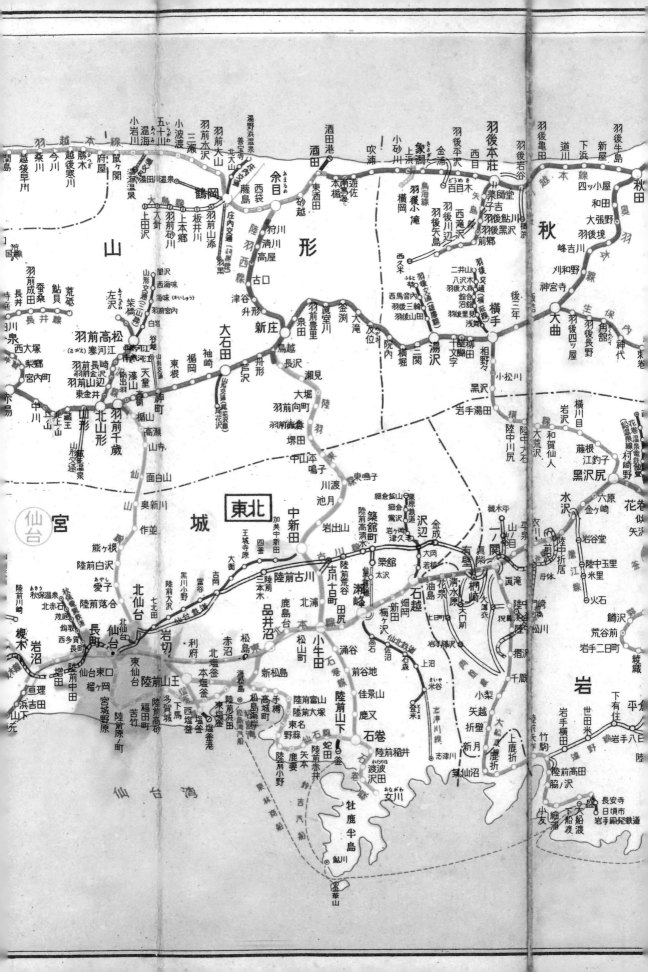

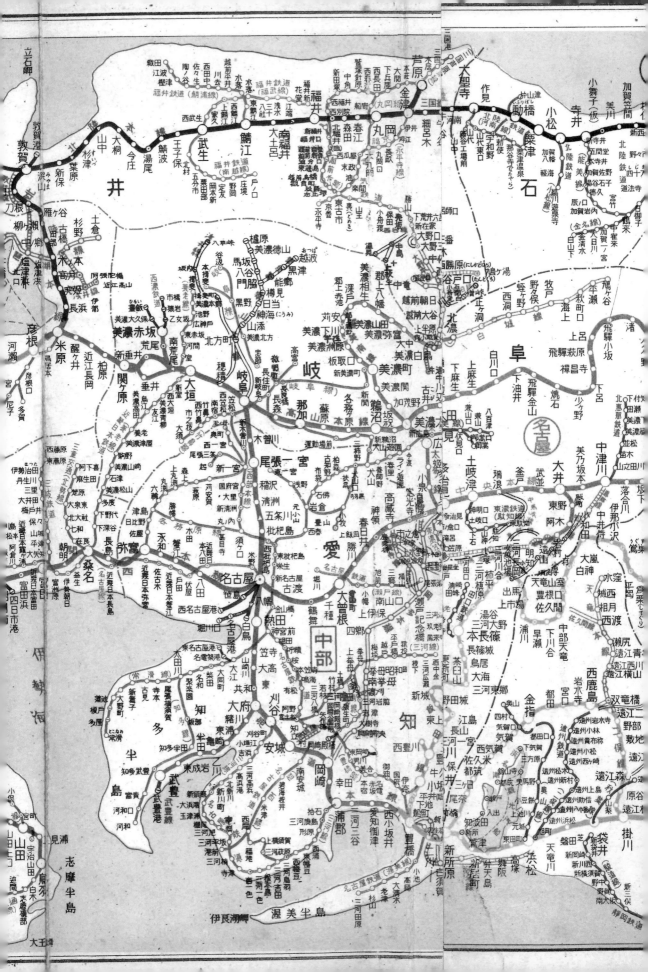

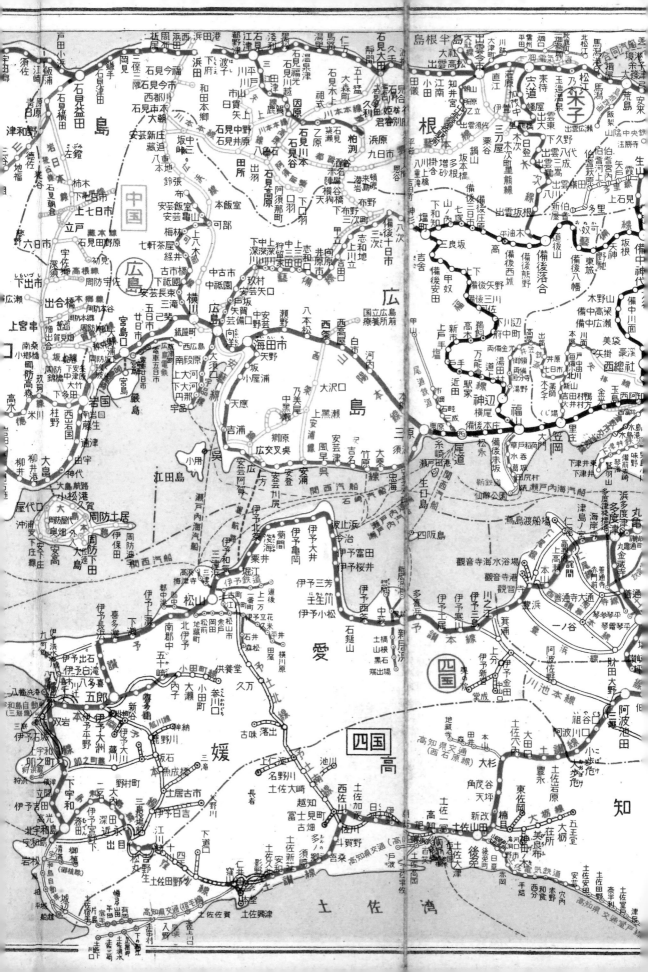

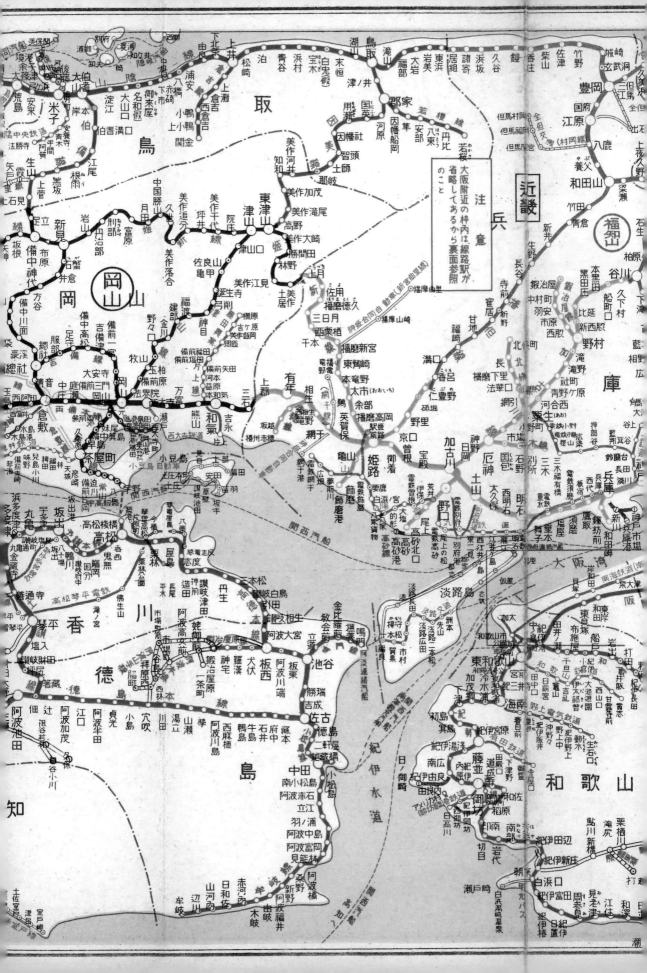

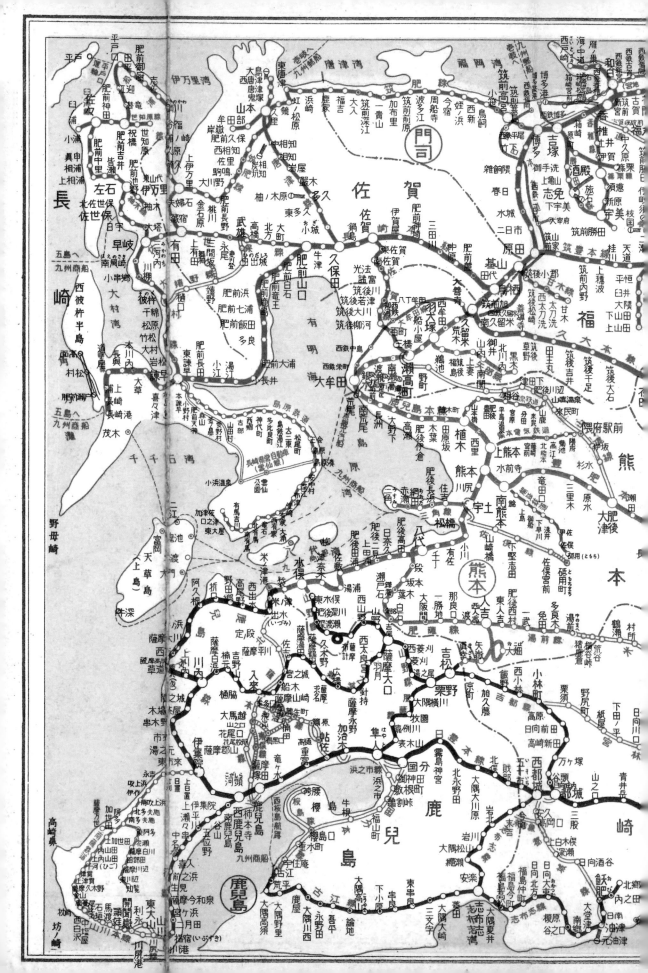

風間克美（かざま かつみ）

1943（昭和18）年，東京都生まれ。1967年，法政大学工学部機械工学科卒業。学生時代に消えゆく地方私鉄を求めて全国各地を撮り歩く。2005（平成17）年，機械メーカーを退職して鉄道写真を再開し，2010年からブログ「地方私鉄1960年代の回想」を継続中。2018年4月に写真集『地方私鉄1960年代の回想』上下巻（OFFICE NATORI 刊）を発行，同書は2019年島秀雄記念優秀著作賞を受賞。2018年10月には同名の写真展「地方私鉄1960年代の回想」を開催。法政大学小金井鉄研OB会マイロネフクラブ会員。

〔主要参考文献〕

『鉄道ピクトリアル』分冊：鉄道図書刊行会 電気車研究会
私鉄車両めぐり第1分冊　淡路交通，井笠鉄道，加悦鉄道，土佐電気鉄道
私鉄車両めぐり第2分冊　山形交通（三山線，高畠線），御坊臨港鉄道
私鉄車両めぐり第3分冊　北陸鉄道金沢市内線，呉市電，鹿児島市電
私鉄車両めぐり第4分冊　津軽鉄道，鹿島参宮鉄道，南海電気鉄道貴志川線，尾道鉄道，伊豆箱根鉄道軌道線
私鉄車両めぐり第5分冊　日本硫黄沼尻鉄道，三重電気鉄道志摩線
私鉄車両めぐり第6分冊　羽後交通横荘線
私鉄車両めぐり第7分冊　流山電気鉄道
私鉄車両めぐり第9分冊　花巻電鉄，上武鉄道，尾小屋鉄道，山陽電軌

『消えた轍』寺田裕一：ネコ・パブリッシング
第2巻　東北・関東
第3巻　甲信越・東海・北陸
第4巻　近畿・中国・四国・九州

『RM LIBRARY』：ネコ・パブリッシング
第162巻　福島交通軌道線（下）（髙井薫平）
第176巻　花巻電鉄（上）（湯口 徹）

『宮本常一と写真』石川直樹：平凡社

● 本書は月刊『鉄道模型趣味』2019年7月号（No.930）〜2022年6月号（No.965）の連載を増補し，新編を加えて再編集したものです。

地方私鉄 失われた情景

2024年5月1日　初版発行

著　者：風間克美
発行人：井門義博
編集人：名取紀之

発行所：株式会社 機芸出版社
　　　　〒157-0072　東京都世田谷区祖師谷 1 − 15 − 11
　　　　TEL 03-3482-6016

印刷所：大日本印刷株式会社

Printed in Japan
ⓒ2024 Katsumi Kazama／KIGEI PUBLISHING Co.,LTD.
ISBN978-4-905659-26-6